Anngela Marcondes Jabor
Para que se preocupar,
se você pode orar!

Anngela Marcondes Jabor

Para que se preocupar, se você pode orar?

1ª Edição - Fevereiro/2004

Revisão
Joanna Flordeliz de Aguiar
Ilustração da capa
Projeto Gráfico e Editoração Eletrônica
Nelson Jonas Ramos de Oliveira

MYSTIC

Caixa Postal 157 - Campinas-SP - CEP 13012-980
mysticeditora@mysticeditora.com.br
www.mysticeditora.com.br

Dedico

A todas as pessoas que acreditam
na força das palavras e no poder da fé.
Que fazem de suas orações, luzes,
para iluminarem inúmeros corações.
Que transformam suas palavras em gotas de esperanças,
e com estas, chuvas de bênçãos para a sua vida,
e para tantas outras existentes.
A você que faz de cada oração, uma canção e,
de cada canção, uma nova esperança que irradia em milhares
de corações.

ÍNDICE

Os Mandamentos da Paz

Ande no Amor – não com ódio!
Ande na Luz – não nas trevas!
Ande na Alegria – não na tristeza!
Ande na Graça – não em desgraças!
Ande na Saúde – não nas dores!
Ande nas Verdades – não em mentiras!
Ande no Sorriso – não em lágrimas!
Ande na Paz – não em agonia!
Ande na Fé – não na incredulidade!
Ande na Esperança – não no desespero!
Ande na Vitória – não no fracasso!
Ande na Mente Divina – não na mente vazia!
Ande na Presença Superior – não com inferiores!
Ande com Ânimo – não com preguiça!
Ande com Segurança – não com medo!
Ande na Caridade – não na maldade!
Não temerás o teu Senhor, amai-O!
Se não salvares ao mundo, salvai a ti mesmo.
Serás menos um nas trevas!

Santo Agostinho

Relato da Autora

Desde pequena sempre gostei de ficar sozinha no meu canto, gostava de conversar com Deus, de expor os problemas dos outros e através das minhas orações feitas de coração com minhas próprias palavras, do Pai Nosso, da Ave Maria, Salve Rainha, Glória ao Pai e Credo, as que meus pais haviam me ensinado, pedia alívio do sofrimento das pessoas que eu conhecia. Lembro-me como se fosse hoje, na época eu estava com dez anos e a mãe da minha grande amiga de infância, havia morrido no parto, ao dar a luz de seu irmão. A dor dela me doía na alma, procurei de todas as maneiras lhe dar força, pois eu também sofria não somente por ela, mas também pela perda. Dona Teresa era uma pessoa pura, amorosa, bondosa, generosa, um anjo na Terra.

Meu pai para me confortar, me disse que Dona Teresa havia ido para o céu, porque Deus a queria ao lado Dele, mas que Deus era tão perfeito que permitiu que ela deixasse um anjinho em seu lugar. Eu não entendia muito bem isso, pois eu dizia que não queria estar no lugar deste anjinho sem mãe. À noite, pela primeira vez, rezei por mim, porque até então eu só rezava pelas pessoas.

E foi ai, que aos dez anos comecei a sentir o efeito de uma oração, quando feita de coração.

Hoje, após inúmeras bênçãos já recebidas, me propus a passar neste livro, uma infinidade de preces, orações, invocações, apelos, decretos... das mais diversas filosofias e religiões.

E a minha oração maior, meu pedido a Deus, foi que eu pudesse nas páginas deste livro, transmitir as melhores para o alívio da dor que há hoje no coração de tantas pessoas.

Que cada palavra pronunciada possa beneficiar não somente a quem reza, mas a todos nós que fazemos parte da humanidade.

Que através de cada oração se instale a luz infinita do puro amor - Deus - Amor Incondicional. Nos torne cada vez mais solidários, amorosos com nossos irmãos.

O caminho não importa, o que importa é chegarmos cada dia mais próximos uns dos outros, e juntos, estarmos com Deus.

Cientes de que tudo que pedimos para nós devemos pedir aos outros, como por exemplo, se você pedir por saúde, lembre-se que há milhares de pessoas por todo o mundo também necessitando muito de saúde. Enfim, tudo o que você precisa no momento, muitos também precisam, até mais que você!

Como São Francisco de Assis, em sua oração, diz: *"É dando que se recebe"*.

Vamos aprender a aliviar as nossas dores, mas antes de tudo vamos começar a respeitar as dores dos outros.

Todas as orações instalam em nossos corações paz, muita paz. Nos traz serenidade, nos torna corajosos para enfrentarmos e superarmos todos os problemas, para esperarmos com paciência e esperança todas as soluções, elas aumentam e fortalecem a nossa fé, concedem-nos as mais belas bênçãos e promovem milagres diários, a cada dia, a cada instante de nossas vidas.

Tudo nos vem na hora certa e de acordo com o nosso merecimento.

"Não cai uma folha de uma árvore sem que Deus permita".

Lembre-se: *"Quem não tem dificuldade não cresce"*. *"Para ter tudo, dê tudo a todos"*.

Vamos ser altruísta como foi São Francisco de Assis e rezar de coração, a seguinte oração:

Senhor;
fazei de mim um instrumento da Vossa paz!
onde houver ódio, que eu leve o amor,
onde houver ofensa, que eu leve o perdão;
onde houver discórdia, que eu leve a união;
onde houver dúvida, que eu leve a fé;
onde houver desespero, que eu leve a esperança;
onde houver trevas, que eu leve a Luz, e
onde houver tristeza, que eu leve a alegria.

Oh! Divino Mestre, fazei com que eu
procure mais consolar do que ser consolado;
compreender que ser compreendido;
amar que ser amado;
pois é dando que se recebe;
é perdoando que se é perdoado;
e é morrendo que se nasce para a vida eterna.
Amém.

"Que seja feita a vontade de Deus".

Introdução

A oração é um recurso poderoso que temos, para diminuir as forças do mal no mundo. Além de obtermos cura física, mental, emocional e espiritual, consequentemente, cura no nível material, como exemplo, a cura financeira. Podemos também através das nossas orações, curarmos relacionamentos: afetivo, conjugal, familiar, de amizades, profissionais e financeiros. Ou seja, uma simples oração, desde que feita com o coração pode nos devolver o riso e a vontade de viver. As orações promovem profundas transformações em nossas vidas, nos tornam mais positivos e confiantes na providência divina, revelam a grandeza de nosso ser, aumentando nossa confiança e a nossa credibilidade em nosso poder, fortalecem a nossa fé.

Não importa o caminho que tomamos para ir ao encontro de Deus, pois Ele é onipotente, onisciente e onipresente. Deus é único, está presente em cada um de nós, em tudo e em todos os lugares.

Segundo *Dr. Albert Schweitzer: "À medida que ficamos mais velhos, percebermos mais e mais que a verdadeira força e a verdadeira felicidade só nos vêm através daqueles que têm para nós um significado espiritual. Quer estejamos próximos ou distantes, mortos ou ainda vivos, precisamos deles para encontrar o nosso caminho pela vida. O bem que trazemos conosco só se transforma em vida e ação quando eles estão espiritualmente próximos de nós".*

Anjos, Arcanjos, Santos, Mestres Ascensos... enfim, todos os Espíritos da Grande Fraternidade Branca, estão sempre, espiritualmente, próximos de nós. É necessário apenas que os invoquemos através de nossas orações, preces, decretos, apelos... para que eles possam entrar em nossas vidas e promoverem os mais belos e esperados milagres.

Sabemos que o verdadeiro milagre consiste em conservar a nossa fé, mesmo quando aparentemente e momentaneamente, nossas orações não são atendidas.

Ralph Waldo Emerson, afirmou: *"A vida toda é um milagre"*, e escreveu: *"Nós somos a maior maravilha que existe. Creio em milagres, porque sou capaz de levantar o meu braço; creio neles porque sou capaz de me lembrar das coisas. Creio, porque falo e tu consegues entender-me; creio na manifestação de um poder maior porque eu mesmo sou essa manifestação. Nas vinte e quatro horas do dia, não há um só minuto que não seja cheio de milagres"*.

Muitas vezes fazemos nossas orações para um determinado problema, o qual estamos tão aflitivamente tentando achar uma solução que não nos damos conta de pequenos milagres que ocorrem em nossas vidas.

Madre Francisca Cabrini, afirmou: *"A oração é como incenso que sobe aos céus e arranca dos céus graças de alegria. Ela dá força à alma desgarrada, devolvendo-lhe a paz e a tranqüilidade"*.

Cada um de nós precisamos do sustentáculo divino para sobreviver, sem ele tudo nos torna mais difícil. Por isso, a oração torna-se de suma importância para nós, pois ela é o elo de nossa ligação com o Plano Divino. Quando estamos próximos de Deus, a felicidade se torna constante em nossas vidas e preenche todo o nosso ser.

Em cada época, métodos de orações foram desenvolvidas, atualmente, o que exerce maior atração é a oração do coração, ou seja, aquela que nos pertence, que nos identificamos no momento, que nos possibilita entrar em contato direto com o ser de Luz que virá em nosso auxílio. Mais vale uma oração feita com o coração do que, mecanicamente, apenas por obrigação. Ao fazer uma oração, é preciso captar bem o sentido da palavra pronunciada e assimilar perfeitamente a verdade, que nela está contida. *"O ato de orar deve ser tão natural quanto o de respirar"*. No entanto, poucas são as pessoas que fazem da oração um hábito constante. Em momento algum, devemos orar por obrigação ou só quando nos encontramos, em situações desesperadoras.

Jesus, nosso Mestre, nos ensinou que a oração deve ser uma constância, em nossas vidas. Também disse: *"Orai e vigiai"*, portanto, ao orarmos, devemos estender nossas orações para atitudes dignas. De nada adiantará orarmos e permanecermos com os sentimentos e pensamentos impuros, pois devemos nos lembrar de que nada existe por acaso, tudo nos vem por merecimento.

Há quem passe horas rezando, mas em seguida, ficam a se lamentar, criando desarmonias, falando da vida de outros, desejando mal a outras e depois não entendem porque não foram atendidas, em suas preces e orações. É simples. Basta ver que rezam apenas "visando seus próprios interesses" e também de modo mecânico, ou seja, oram, mas não assimilam as próprias palavras.

Qualquer que seja a oração, seu poder é transformador, desde que feita com o coração. No entanto, não basta somente rezar com o coração. Antes de tudo é preciso ter fé, pois é através dela que vislumbramos a existência de Deus.

"Fé é acreditar no que não se vê
e a recompensa da fé é ver o que se acredita".

SANTO AGOSTINHO

A União Faz a Força

"A prece é um ato poderoso que põe as forças do céu à disposição do homem".
MICHEL DE MONTAIGNE

Quando em 1999, publiquei o livro *Minhas Preces e Orações Prediletas*, acreditei que através dele poderia ajudar as pessoas a melhorarem suas vidas, mas não imaginava o quanto ele seria útil e benéfico as pessoas. Para muitas, ele é um livro abençoado, de enorme importância no dia-a-dia, que acabou tornando-se um companheiro inseparável.

Diante os fatos tristes que vem aumentando, é mais do que correto, independente da crença de cada um, unirmos a nossa força, através do poder da nossa fé e do nosso amor pela humanidade. Não devemos nos importar com o caminho que cada pessoa toma para chegar a Deus, o que importa, realmente, é o esforço diário com que cada uma faz para mantê-Lo na sua vida. Pois de nada adianta recorrer a Ele somente nos momentos difíceis ou para mostrar a todos que se tem uma determinada religião. O *Arcanjo Gabriel*, diz: [1]*"Religião não é apenas o ato externo de uma cerimônia. Ela é, ao contrário, uma questão da vida diária e de cada hora! É o objetivo perfeito, normal do completo bom-senso. É a questão da disciplina, do autodomínio, da reflexão; é o desdobramento do amor e gratidão a Deus que vos deu a vida e vos mantém no Universo há bilhões*

1- **Meditação e Apelos – Para cada dia da semana**, Ponte Para A Liberdade, 1992.

de anos, na esperança de que ireis realizar, por vós mesmos, o vosso objetivo que não pode ser realizado, jamais, por outra pessoa. Fazeis parte do Grande Tear Cósmico, mas somente vós deveis tecer a disciplina através de vossa emanação de vida".

Não devemos em momento algum discriminar, pois cada pessoa é única, e cada uma tem a sua missão e, o seu caminho a seguir. Umas, estão mais adiantadas, outras, no seu processo inicial e tantas outras, no intermédio, destas. Não importa o caminho que as pessoas seguem, o que vale é o amor que elas levam nos seus corações ao próximo, a maneira como elas tratam seus semelhantes em cada encontro, enquanto se conduzem pelo trajeto que escolheram para chegarem a Deus. É a sua demonstração de amor que revela a sua ligação com Deus. Lembrando que se Deus nos concedeu a liberdade infinita de escolha, cabe a cada um de nós fazer a sua própria escolha, sem nos afligir por esta ser diferente, de algumas pessoas. As coisas que as pessoas pensam ou falam de nós, tornam-se insignificantes, perto do que Deus vê em nós.

Muitas pessoas usam máscaras permanentes para enganar não somente as pessoas do seu convívio diário, mas a si próprias, esquecendo-se que diante de Deus todas as máscaras caem. De que adianta, freqüentar igrejas, templos e etc., se ao sair de lá, nada colocamos em prática? O *Arcanjo Uriel*, diz: *"Estando um dia diante do Senhor, perguntará Ele: O que fez meu filho?; com certeza responderás: Eu Te amei; Ele então irá responder: Volta-te, não foi o bastante! Amai o teu pai e a tua mãe e honrarás os teus irmãos".* Isto nos revela que independente de qualquer coisa, devemos amar a todos e jamais julgá-los por sua religião ou pela forma que se conduzem no dia-a-dia. Quem faz isto, perde seu precioso tempo, o qual poderia ser melhor aproveitado, em benefício próprio, se orasse mais e falasse menos.

O próprio *Arcanjo Uriel* diz: *"Deus remove todas as lágrimas dos teus olhos e não mais haverão choros, desde que entregues os teus problemas a Ele; espere pacífico e calmo, através das Preces (Orações e Meditações) serás ouvido e respondido"*.

Se nem mesmo Deus, nosso Pai-Criador, nos julga, que direito temos para julgar? É muita pretensão da nossa parte, querermos nos colocar no lugar Dele. Cabe-nos apenas respeitar o livre-arbítrio que Deus concedeu a cada um de nós, permitindo que cada um faça a sua escolha. E sendo assim, neste livro, segui o meu coração com o propósito único de mostrar as pessoas que é dando as mãos que construímos um mundo melhor. Reuni várias orações, preces, apelos, decretos... das mais variadas religiões, filosofias de vida, de pessoas altamente iluminadas que dedicam amorosamente seu tempo em prol da humanidade. Como muitos dizem: *"Quando o discípulo está preparado, o mestre aparece"*. Assim sendo, espero que por via deste trabalho, todos possam encontrar o seu caminho e trilhá-lo sempre em direção ao bem maior de todos que passam por este abençoado processo de evolução, como seres espirituais vivenciando esta experiência humana.

Agora! Mais do que nunca, este é o momento de deixarmos o sentimento de competição ir embora. Vamos nos unir, juntar as nossas forças no propósito de beneficiar a humanidade, pois fazendo parte desta, também receberemos chuvas de bênçãos, em nossas vidas, terrena e espiritual.

Para que se Preocupar se Você Pode Orar?

Vejamos:

"O que eu temia me sobreveio;
o que receava me aconteceu".
Jó 22:28

Tudo o que mantemos ou fortalecemos em nossa mente se materializa em nossa vida, vem sempre diante de nós, situações ou pessoas que atraímos por nossos pensamentos.

A *Bem-Amada Mestra Nada,* diz:

(2) *"A tarefa mais importante de vossa vida é incentivar o Amor...*

O amor vos escuda e preenche vossa vida com perfeição.

Solucionar vossos problemas com a força e o poder de amar, impessoalmente, a vida presente no seu todo, e nada poderá opor resistência ao Amor Divino. Irradiai amor.

Esforçai-vos para amar aqueles que não vos são simpáticos. Amar deverá ser tão natural como tudo que desempenhais em vossa vida.

... o amor deverá ser a lei de vossa vida e somente então ela irá confluir na caudalosa energia da perfeição. Sem amor, não existe qualquer conclusão feliz."

"Quando as pessoas vão ao vosso encontro mal

(2)- extraído do livro: **Discurso da Amorável e Ascensionada Mestra Nada,** Ponte Para a Liberdade, 2000.

humoradas, às vezes impertinentes, importunas; quando elas cultivam maus pensamentos e vos querem explorar ou prejudicar, então está orientação que vos dou irá conseguir tirar-lhes todas as armas de suas maõs. Sorri e perdoai-as, amando-as".

"Um discípulo da Luz deveria reagir, mantendo a paz em seu coração, não importa o que tente atingí-lo. Todas as situações complicadas deixam-se organizar por meio do Amor. Quando este for usado persistentemente, os problemas que surgirem na vida em comum se dissolverão".

Sem amor por nós ou pelas pessoas, nossos pensamentos podem gerar sofrimentos em nossas vidas.

Por trás de tudo que nos acontece há um significado. Portanto, preocuparmo-nos com acontecimentos nos tornam pesados e assim ao invés de encontrarmos as soluções para os nossos problemas, aumentamo-os ainda mais. Devemos deixar tudo fluir naturalmente seguindo o seu percurso natural.

De nada adianta pedirmos o auxílio de Deus se em seguida ficamos remoendo os problemas e alteramos nosso estado de espírito.

Quando pedimos por auxílio, devemos entregar por completo nossas preocupações nas mãos de Deus, e confiar na Providência Divina, que logo seremos abençoados pela Misericórdia Divina. Sempre cientes de que toda oração feita de coração será atendida, pois nenhum chamado ficará sem resposta. E todas as portas em que batermos nos serão abertas.

Jesus, nosso mestre, afirmou:

"Pedes e vos será dado, bateis e vos abrireis".

"Se tiverdes fé como um grão de mostarda, na verdade vos digo que movereis montanhas."

"E tudo o que com fé pedirdes em vossas orações,

havereis de receber".
MATHEUS 21; 22

"Todas as coisas podem acontecer aos que tem fé".
MARCOS 9; 23

E assim, não há como negar que tudo pode acontecer para quem crê. Milagres acontecem a cada instante aos que tem fé, portanto, para que se preocupar, se você pode orar?

O Mundo é o Jardim de Deus[3]

Deus é Um, mas são vários os Seus nomes.
A realidade é uma, mas seus caminhos são diversos.
A espiritualidade é uma, mas são várias as religiões.
A humanidade é uma, mas os seres humanos são diversos.

Não pode existir uma religião para o mundo inteiro.
Religiões são como flores de um belo jardim.
Cada flor tem a sua beleza individual,
somando-se à beleza total do jardim.

Deleite-se com a beleza da flor de sua escolha,
Deleitando-se com a beleza do jardim.
Não permita que sua escolha imponha-se à dos outros
e nem que seja a causa de coerção e conflito.

3- Texto de Swami Divyananda Saraswati, traduzido por Rosemary Silveira, extraído de www.yoga.pro.br.

Sábio é Aquele Que Tem Fé

Para tudo que nos aflige há uma solução. Todas as chaves de libertação estão dentro de nós. Somente se sente aprisionado aos problemas, quem acredita em suas limitações. Quando assim deixarmos de acreditar, despertaremos para a nossa própria luz. E, quando isto acontece, passamos a nos conduzir melhor no cumprimento de nossas missões e no propósito de nossas vidas.

Tornamo-nos sábios quando nos conscientizamos de que a maior parte de nossos problemas, senão todos, são ilusórios e passageiros.

Tornamo-nos sábios quando nos conscientizamos de que no universo nada falta, tudo existe em abundância.

Sábio é aquele que crê para ver.

Sábio é aquele que tem fé.

Sábio é aquele que sabe a importância de cada momento, pessoa ou situação em sua vida.

Sábio é aquele que doa o seu tempo em prol da humanidade.

Sábio é aquele que sabe que a infelicidade de um, prejudica a todos nós. Enquanto que a felicidade de um, beneficie a toda a humanidade.

Sábio é aquele que têm consciência de que a derrota de um, atinge a todos, enquanto que a vitória de um, é de todos nós.

Sábio é aquele que sabe que Deus nos une apesar

das nossas diferenças.

O momento exige que cada um de nós passamos a agir com mais sabedoria, esta que nos leva ao caminho da luz, nos livrando de todo o caos promovido pela escuridão que há em muitos corações.

É hora de todos juntos se voltarem para a Luz. De dar permissão para que o sentimento de "amor incondicional" invada nossos corações, se torne mais presente em nossas vidas, a cada dia, a cada instante.

E com toda fé, que a Luz, o Amor e o Poder restabeleçam o Plano sobre a Terra.

A Grande Invocação

Do ponto de Luz na mente de Deus,
flua Luz à mente dos homens.
Que a Luz desça sobre a Terra.

Do ponto de Amor no coração de Deus,
flua Amor ao coração dos homens.
Que Cristo possa retornar à Terra.

Do centro onde a Vontade de Deus é conhecida,
guie o propósito as pequenas vontades dos homens
o propósito que os Mestres conhecem e a que servem.

Do centro que chamamos de raça dos homens,
realize-se o Plano de Amor e Luz,
e possa ele selar a porta onde habita o mal.

Que a Luz, o Amor e o Poder restabeleçam o
Plano sobre a Terra.

A invocação ou a oração acima não pertence a nenhuma pessoa ou grupo, mas toda a Humanidade. *Djwhal Khul* a transmitiu à *Alice Bailey*, que a inclui em seus livros.

"O poder das orações sagradas de qualquer religião do mundo com que você se identifique pode realizar maravilhas na transformação do seu sistema mental e até de todo o seu sistema de quatro corpos.

Ao dizer essas orações ou cantar mantras, você está usando o verbo na qualidade de co-criador com Deus, entoando as freqüências vibracionais mais elevadas possíveis. Outros exemplos maravilhosos de palavras de cura são a Ave Maria, o Pai Nosso, o Om, Shanti, Shanti, Shanti (shanti significa "paz" no hinduísmo), o cântico do nome de Buda, de Cristo e de qualquer dos grandes mestres, a repetição de "Eu Sou Aquilo Que Sou" ou o cântico de Sai Baba/Sai Ram". - Joshua David Stone – O Caminho da Ascensão, Manual do Iniciante. Neste mesmo livro, na seqüência deste texto, Joshua, refere-se a *Grande Invocação* como uma das mais poderosas e belas orações, modificando-a para a seguinte forma:

A partir do ponto de luz do íntimo da mente de Deus,
que a luz se irradie para a mente dos homens.
Que a luz desça sobre a Terra.

A partir do ponto de amor do íntimo do coração de Deus,
que o amor se irradie para o coração dos homens.
Possa o Cristo retornar à Terra.

A partir do centro em que a vontade de Deus é conhecida,
que o propósito oriente as pequenas vontades dos homens,
o propósito que os mestres conhecem e a que servem.

A partir do centro que chamamos de raça dos homens,
que o plano do amor e da luz se realize
e possa ele selar as portas onde habitam demônios.

Que a luz, o amor e o poder
restaurem o plano na Terra.

Faço das palavras de Joshua, as minhas: *"A escolha é nossa, de usar palavras e pensamentos para magoar ou para curar. Minha oração fervorosa volta-se para que cada um de nós opte pelo uso do poder dos pensamentos, das palavras e das ações a fim de realizar a cura mais rápida possível em nosso próprio íntimo e no planeta".*

Invocações[4]

Invocação do Eu Sou[5]

Eu Sou o ponto de Luz na mente de Deus.
Eu Sou a Luz que desce à Terra.
Eu Sou o Amor no coração de Deus.
Eu Sou o Amor que desceu ao coração da humanidade.

Que a Luz e o Amor possam jorrar
e despertar o Eu Sou em toda a humanidade.

Eu Sou o centro onde a vontade de Deus é conhecida .
Eu Sou o propósito que guia a vontade dos homens.
O Eu Sou estende a mão e recebe dos mestres,
o Eu Sou se torna o servo dos mestres:
e seu interior está repleto
da vontade de Deus.

Eu Sou o centro da raça humana.
Eu Sou o Plano de Luz e Amor.
e através do Eu Sou prevalecerão a Luz e o Amor.
Eu Sou a Luz, o Amor e o Poder, e apenas
o Eu Sou pode restaurar o Plano da Terra.

4- invocação: forma de oração que se clama a Deus ou aos seres celestiais para que intercedam a nosso favor
5- extraída do livro: **Cura Energética com o Reiki Plus**, David G. Jarrell, Editora Pensamento, 2000.

INVOCAÇÃO À LUZ[6]

(Arcanjo Uriel - canalizado por Tachi-ren. Esta invocação proporciona grande alegria a quem a faz diariamente).

Vivo na Luz.
amo na Luz.
Expresso minha alegria na Luz.
Sou amparado e guiado pela Luz.

Com satisfação, sou um servo da Luz.
Pois Eu sou a Luz
Eu Sou a Luz. Eu Sou a Luz
Eu Sou. Eu Sou. Eu Sou.

INVOCAÇÃO DA CLAREZA[7]

Eu estou no AGORA infinito;
Todas as portas estão abertas para mim.
Eu amo no Agora Infinito;
todos os caminhos estão abertos para mim.

Eu rio no Agora Infinito;
todos os caminhos são reconhecidos por mim.

No Agora Infinito está todo o Poder.
No Agora Infinito está todo o Amor.
No Agora Infinito está toda a Clareza.

Eu sigo a disposição do Espírito,
agindo, amando, conhecendo tudo o que existe.

6- extraída do livro: **Guia Prático Para a Ascensão,** material canalizado de Serapis por Toni Stubbs, Pensamento, 1999.
7- extraída do livro: **O Que é Corpo de Luz?** - Mensagem do Arcanjo Ariel, canalizada por Tashira Tachi-ren, Editora Pensamento, 1999.

Invocação da Tranqüilidade[8]

Eu me volto para dentro de mim
e abro as pétalas do Lótus de Cristal.

Eu me volto para dentro de mim
e, enquanto o Lótus floresce,
minha mente, meu corpo e minhas emoções se acalmam.
Enquanto minha consciência penetra no centro do Lótus,
fico em paz com quem Eu Sou.
Eu fluo com a serenidade do espírito.
Quando estou dentro do Lótus,
conheço o Buda que sou Eu mesmo.

Invocação do Raio Prateado[9]

Invoco o Elohim do Raio Prateado
para verter a Graça Divina através de meus corpos.
Invoco o Elohim do Raio Prateado
para dissolver todos os padrões Kármicos
e desfazer todo ressentimento guardado.
Para que eu possa conhecer a alegria.
Invoco o Elohim da Graça
para inundar meu ser de perdão,
para inundar minha vida de gratidão,
e inundar meu coração de festa.
Invoco o Elohim do Raio Prateado
para quebrar meus laços de mesquinhez,
para romper o jugo do ódio
e libertar minha alma.
Invoco Elohim da Graça
para me inundar com a alegria de viver - Agora

---

[8] e [9]- extraídas do livro: **O Que é Corpo de Luz?** - Mensagem do Arcanjo Ariel, canalizada por Tashira Tachi-ren, Editora Pensamento, 1999.

Invocação do Senhor Maitreya*
(Ao anel de fogo branco que nada passa)

Esta invocação deve ser feita sempre que for dormir, manter relações sexuais com sua esposa(o). Maitreya explica que os demônios não podem entrar dentro deste círculo e nestas horas ficamos muito vulneráveis a ataques. Os demônios ficam do lado de fora e você poderá dormir em paz dentro do círculo. Enquanto invoca, visualize uma parede de fogo branco ao redor de sua cama, de seu carro, de sua casa, etc.. Se tiver de passar por um lugar onde tem muita magia negra ou magos negros, invoque o anel de imediato.

Em nome do Pai, do Filho, do Espírito Santo e da Mãe Divina, Eu invoco aqui e agora, o Anel de Fogo que nada passa, do Coração do Amado Senhor Maitreya, para que seja colocado ao meu redor, e ao redor de . . . (coloque aqui a sua oração) *"queimando e consumindo* "(3x)" *com tudo que for impuro e anti Deus e o meu plano divino manifestado "aqui e agora* "(3x)"

E com toda a fé eu aceito conscientemente que isto se manifeste, que se manifeste, que se manifeste ! "(3x)" *aqui e agora, com pleno poder, eternamente mantido, onipotentemente ativo, em contínua expansão e abrangendo o mundo inteiro até que todos tenham ascendido totalmente na luz e sejam livres. Amado EU SOU ! Amado EU SOU ! Amado EU SOU !*

---

* - Summit Lighthouse.

Decretos[10]

Decreto do Manto de Luz

Amada Presença de Deus Eu Sou em mim, agradecido reconheço em minha mente, e aceito em meus sentimentos a Vivente Realidade de Vosso Manto de Substância Luminosa Eletrônica, envolvendo-me numa resplandecente aura de proteção, sempre expansiva.

De dentro de Vosso Coração Cósmico, eu sinto a pulsação da Chama da Divindade, e a Presença do Cristo, irradiando para minha consciência, através da qual flui todo o tempo, as virtudes, qualidades e bênçãos de Deus, e Seus Mensageiros, para mim, e através de mim, para toda vida, em todas as partes.

Eu também reconheço e aceito, a poderosa Armadura de Luz, e o invencível Momentum de Fé, que com tanto Amor me oferece o Amado Arcanjo Miguel, e meu próprio Anjo de Proteção.

E com a amorosa convicção de Lord Miguel eu decreto:

A Luz de Deus é sempre vitoriosa. (3x)

Eu vivo este dia na Luz de Deus. (3x)

Deus está no controle aonde quer que eu esteja. (3x)

A harmonia do meu verdadeiro ser é a minha maior proteção.

Agora eu invoco com firmeza, a assistência adicional do magnífico 1° Raio de Deus:

Do Amado Chohan Sírius, dos Amados Elohim Hércules e Amazon, dos Amados Arcanjos Miguel e Fé, do Amado Comandante Conrado, dos Amados El Morya e Lady Myriam, e do Amado Micah, para manter esta Atividade da Luz em minha volta e meu mundo.

10- Decreto é uma ordem, determinação. Uma poderosa petição a Divindade.

Que somente a Vontade de Deus possa se manifestar, em todas as minhas atividades, em todos os lugares, em todo o tempo.

Eu faço este chamado, no mais Sagrado nome de Deus, Eu Sou.

Decreto ao Sagrado Cristo Interno

Amado Sagrado Cristo Interno Eu Sou em meu coração, Eu Vos amo e Vos adoro, apelo à Chama Dourada do Amor e Iluminação do Cristo Cósmico, para envolver-me e a toda partícula de vida, com a qual eu entrar em contato.

Eu Sou a Iluminação e a Sabedoria Divina, que me guiam em tudo o que eu faço, eu abençôo tudo o que eu toco.

Eu Sou consciente de que em meu corpo físico, vive a Chama da Cura que me restaura, e purifica de toda a imperfeição.

Eu Sou consciente de que em meu corpo físico, vive o infinito Poder do Suprimento, para qualquer exigência e necessidade.

Eu Sou consciente de que em meu corpo físico, vive a Iluminação de minha consciência externa.

Eu Sou consciente de que em meu corpo físico, vive a Inteligência que prova, através de cada forma, a perfeição que jaz na Essência Primeva.

Eu Sou consciente de que existe somente uma Força, um Poder, Deus em meu coração, e que esta Força atua na medida da Fé que nela ponho, portanto manifestai-vos, Sagrado Cristo Interno em meu coração! Deixai que se cumpra o Vosso Plano Divino em mim, Agora!

Adoração

Amada Presença Divina Eu Sou em meu coração, eu Vos amo e Vos adoro! Oh! Vós, Poderosa Chama em meu coração, a Vós envio constantemente meu Amor e Adoração, e ao Grande Deus do Universo e Seus Mensageiros, eu envio meu Amor à Vida presente em toda parte, abençôo toda a Vida que contacto e que já contactei, em pensamento e sentimento, no falar e na ação, não mais criticarei, não mais julgarei, e nem amaldiçoarei.

Eu Sou paciente e tolerante, no pensar, sentir e falar, para que surja em minha vida somente a Bênção Divina, Eu Sou o Selo da Divina Chama Rosa do Amor, Eu Sou a Presença Consoladora para toda Vida.

Manto Eletrônico da Pureza

Com todo o Poder e Autoridade do Fogo Sagrado ancorado em nossos corações, invocamos a Poderosa Presença dos Grandes Elohim da Pureza, Amados Clair e Astrea, Carregai, Carregai, Carregai, com as Chamas Viventes da Pureza do Cristo Cósmico, tudo em nós, através de nós, e ao redor de nós. Selai-nos em um Campo de Luz Eletrônica, que transmuta instantaneamente todas as vibrações discordantes, onde quer que estejamos.

Nós comandamos a Pureza em cada célula de nossos seres, para expandir e sustentar, a ação vibratória da Consciência Crística.

Grande Chama da Pureza, suplicamos Vosso Poder, que Ele resplandeça em nós.

Faça-se a Luz! Faça-se a Luz! Faça-se a Luz! Luz! Luz! Luz! (Repita 3 vezes).

A Luz de Deus que é sempre vitoriosa, manifestando a Perfeição aonde quer que resplandeça!

Assim seja Amado Eu Sou.

Dedicação a Perfeição

Meiga e Amada Presença Divina Eu Sou em meu coração, eu dedico minha vida agora e sempre, ao Serviço de Deus, às boas ações, para que meu cérebro somente pense Perfeição, meus ouvidos somente ouçam Perfeição, meus lábios somente pronunciem Perfeição, minhas mãos somente abençoem e curem, meus pés sejam os mensageiros do Bem, e que meu corpo seja forte, saudável e disposto a ser um instrumento, para espalhar em toda parte a Perfeição Divina. Que assim seja!

Demandando a Paz Cósmica

Com todo o Poder e Autoridade da Amada Presença Eu Sou, apelamos ao Ascensionado Jesus Cristo, Príncipe da Paz, ao Amado Elohim da Paz, Tranqüilidade, e às Legiões Angélicas da Paz.

Purificai a humanidade e transpassai-a com a Chama Cósmica da Paz. (Repita 3 vezes).

Redimi toda discórdia, guerra, revolta, e as sombras humanas, mediante o Misericordioso Raio da Paz.

Nós aceitamos este chamado plenamente precipitado, autosustentado e sempre expansivo, no Sagrado Nome de Deus Eu Sou.

Decreto a Chama Violeta

Poderosa Presença Eu Sou, assumi o controle absoluto, integral, de minha mente, do meu corpo, de todo o meu ser.

*Aplicai em mim a Vossa Cristalina Chama Violeta Consumidora, consumi todos os meus erros e defeitos, passados e presente, *e resolvei todos os meus problemas para sempre* (* Repita 3 vezes).

Poderosa Presença Eu Sou, envolvei-me em Vosso Canal de Luz e Energia, como uma poderosa muralha, contra a qual se choque toda a energia negativa, mas fazei com que volte ao seu ponto de origem, transformada em Paz – Amor - Boa Vontade, para todos que Sua Ação alcance.

Que eu seja um gigantesco Pilar de Chama Violeta Consumidora do Puro Amor Divino, que transcende constante e perene, em Triunfo e Perfeição.

Decreto de Proteção do Amado Arcanjo Miguel

(Repita 3 ou 9 vezes, diariamente, principalmente, logo ao se levantar pela manhã. Este decreto deve ser feito para manter a proteção diária do Arcanjo Miguel em sua vida, especialmente, quando for viajar ou estiver sentindo-se em perigo. Sempre ao fazer o decreto, visualize um enorme anjo azul sobre você).

São Miguel à frente,
São Miguel atrás,
São Miguel à direita,
São Miguel à esquerda,
São Miguel acima,
São Miguel abaixo.
São Miguel, São Miguel
aonde quer que eu vá.
Eu Sou o seu amor que me protege aqui.
Eu Sou o seu amor que me protege aqui.
Eu Sou o seu amor que me protege aqui.

Tubo de Luz

(Repita 3 ou 9 vezes, este decreto, para criar ao seu redor uma energia poderosa de proteção).

Presença do Eu Sou, tão amada,
sela-me no Teu Tubo de Luz
da chama dos Mestres Ascensos
em nome de Deus agora invocada.
Que ele liberte o meu templo
de toda a discórdia que me é enviada.
A chama violeta invoco agora
para todo desejo consumir,
e arder pela liberdade
até no seu fogo eu me fundir.

Presença do Eu Sou, Tu És Mestre

(Faça este decreto 9 vezes, todas as manhãs, para ter proteção contra energias negativas e agressivas).

Presença do Eu Sou, Tu és Mestre!
Presença do Eu Sou, abre caminho!
Que a Tua Luz e todo o Teu poder
venham aqui se estabelecer!
Inunda-me com a mestria da Vitória,

que brilhe o clarão azul,
Tua essência fulgurante!
Nesta forma vem descer,
para que a Perfeição e a Sua Glória
possam a Terra transcender.

Eu Sou Luz

(Este decreto deve ser feito sempre que você sentir que se agregou no seu corpo, energias negativas geradas por críticas, raiva, fadiga, depressão... tanto de sua parte como absorvida de outros. O decreto feito 3 ou 9 vezes, tanto limpa a sua aura como ajuda a expandí-la).

Eu Sou Luz, Luz resplandecente,
Luz radiante, Luz intensificada.
Deus consome a minha escuridão,
transmutando-a em Luz.

Hoje Eu Sou um foco do Sol Central,
através de mim corre um rio de cristal,
uma fonte vivente de Luz
que não pode ser corrompida
por pensamentos e sentimentos humanos.
Eu Sou um posto avançado do Divino.
A escuridão que se serviu de mim é consumida
pelo poderoso rio de Luz que Eu Sou.

Eu Sou, Eu Sou, Eu Sou Luz.
Eu vivo, eu vivo, eu vivo na Luz.
Eu Sou a mais completa dimensão da Luz.
Eu Sou a mais pura intenção da Luz.
Eu Sou Luz, Luz, Luz.
Inundando o mundo onde quer que eu vá,
abençoando, fortalecendo e anunciando
o propósito do reino dos Céus.

Eu Sou a Chama Violeta

(De acordo com os ensinamentos da Summit Ligthouse: A chama violeta é uma dádiva especial de Deus – um fogo espiritual que pode transformar a energia negativa em energia positiva. Que pode dar a você sentimentos de alegria e de liberdade divina. Você pode usá-la para enviar o perdão para qualquer pessoa que o tenha ferido, imaginando-a como um enorme apagador que apagará enquanto você faz o decreto, seus sentimentos de dor, de desespero, de sofrimento e de limitação. Este decreto deve ser feito sempre em múltiplos de 3, pode ser 3, 9...).

Eu Sou a Chama Violeta
atuando agora em mim.
Eu Sou a Chama Violeta
só me submeto à Luz.
Eu Sou a Chama Violeta
de magnífico Poder Cósmico.
Eu Sou a Luz de Deus
brilhando a toda hora.
Eu Sou a Chama Violeta
radiante como um sol.
Eu Sou o Sagrado Poder de Deus
que a todos vai libertando.

Decreto Para Ajudar Uma Alma que Partiu

Amada Presença Divina Eu Sou em mim, e no coração de... (diga o nome de quem se foi).

Amado Arcanjo Miguel, enviai Vossos Anjos da Libertação, da Proteção e do Amor, para esta abençoada alma, e levai-a rapidamente da atmosfera da Terra aos Reinos de Luz.

Ajudai... (repete-se o nome) *a purificar-se com o Fogo Violeta, para libertar-se do karma negativo da Terra, e se apresentar aos Senhores do Karma. Auxiliai essa alma perante o Conselho kármico.*

E Vós, Grandes Legiões de Luz, apelo por um avalista para... (repete-se o nome), *quando o seu nome for citado, e o Livro de sua vida for lido, que a alma de...* (repete-se o nome) *seja levada às salas de aula da Grande Luz para aprender as Leis da Vida, e preparar-se para a Ascensão quando estiver pronta.*

Amado Arcanjo Miguel e Legiões da Luz, dai a...(repete-se o nome) *todo o auxílio possível.* (Repita 3 vezes).

Eu Vos agradeço.

Observação: Os Decretos de Proteção do Arcanjo Miguel, Tubo de Luz, Presença do Eu Sou, Tu És Mestre, Eu Sou Luz e Eu Sou a Chama Violeta, foram extraídos de *Meditações, Decretos Dinâmicos - Para a Revolução Vindoura na Consciência Mais Elevada,* Summit-Ligthouse do Brasil.

Apelos aos Mestres

Apelo ao Mestre El Morya

Poderosa Presença Divina Eu Sou em meu coração e Bem-Amado Mestre El Morya!

Envolvei e carregai todo discípulo e buscador da Luz com a força e pureza cósmica, até estabelecer-se o equilíbrio perfeito, em seus corpos inferiores.

Aceito a total harmonia em meus sentimentos e ordeno que eles permaneçam prestativos, na atividade de cada dia.

Apelo ao Mestre Confúcio

Em nome do Bem-Amado Mestre Confúcio, afirmo: Eu Sou a precipitadora Presença Divina em atividade. Eu Sou a iluminação e a sabedoria no uso da Chama da Precipitação. Eu Sou a perfeição, em meu modo de pensar e sentir, em meu ser, meu corpo, meu mundo e interesses.

Apelo ao Mestre Lanto

Bem-Amada Presença Divina Eu Sou em mim e Bem-Amado Mestre Lanto, carregai-me com Vossa grande veneração pela vida e ensinai-me a praticar somente o bem em meu mundo. Eu Sou a precipitação visível da Presença Divina da iluminação e perfeição, agora, no meu mundo. Eu Sou! Eu Sou! Eu Sou!

Apelo ao Mestre Kuthumi

Bem-Amada Presença Eu Sou em mim e Bem-Amado Mestre Ascensionado Kuthumi: esta noite, enquanto meu corpo estiver adormecido, mandai-me um mensageiro, para conduzir-me até Vós, em meus corpos sutis. Isto feito, ensinai-me a mergulhar, completamente, na Chama Dourada da Iluminação e preenchei minha consciência com tudo que devo saber, a fim de realizar meu plano divino.

Providenciai, após minha volta ao corpo físico, a recordação perfeita dessas instruções, a fim de que o conhecimento seja real e prático, possibilitando-me a mestria em meu próprio mundo, a fim de que eu seja um melhor veículo para os Mestres Ascensionados e meus companheiros. Eu confio inteiramente que isto seja realizado, Bem-Amado Eu Sou.

Apelo ao Mestre Paulo, O Veneziano

Bem-Amado Mestre Ascensionado Paulo, o Veneziano, eu Vos amo e Vos abençôo. Agradeço por tudo que tendes feito por mim e por toda a humanidade. Ensinai-me a ser nobre e que eu tenha o privilégio de possuir as Vossas virtudes: a virtude da tolerância, do tato, da diplomacia, da paciência, da gratidão e da capacidade de saber conviver com meus semelhantes!

Apelo a Mestra Rowena

Poderosa e Divina Presença da Vida, Amor, Sabedoria e Poder: Jorrai a essência Divina do Amor na aura e no mundo de toda Emanação de Vida, sobre a Terra.

Iluminai toda a humanidade; que ela sinta o Amor Divino e a Bem-Aventurança e provai que sois a vida presente, em todas as coisas.

"Eu Sou sempre, e em todas as horas, a expansão do Amor e da Bem-Aventurança".

(Repita 3 vezes).

Apelo ao Mestre Serapis Bey

Ó! Deus Todo-Poderoso, presente em meu coração.

Ó! Nosso Mestre Serapis Bey, daí-nos vossa rapidez de ação a fim de que possamos cumprir nossa tarefa sem esmorecimento. Vosso apelo é atendido.

Eu Sou, Eu Sou, Eu Sou.

Apelo ao Mestre Hilarion

Em nome e com o poder da Presença Eu Sou, que reside em nossos corações, apelamos a Vós, Bem-Amado Mestre Ascensionado Hilarion: flamejai, flamejai, flamejai intensamente a Chama Verde da Verdade sobre toda pessoa incrédula, confusa e desanimada, libertando-a dessas condições, para que possa resplandecer em seu coração o "Olho de Deus que tudo vê", isto é, a Luz Crística que lhe permita perceber a Verdade Divina presente em todo o Universo.

Nós Vos somos reconhecidos pelo atendimento deste apelo.

Apelo ao Mestre Jesus[11]

Tenho Deus por mim e ninguém será contra mim.

Jesus me ama, por isso serei vencedor. Tudo posso naquele que confio e me fortalece.

A mente Divina sempre habitará no meu ser.

Sou feliz e me realizo na alegria de meu Senhor.

Dai-me Senhor, tudo que for do Vosso agrado.

Afastai-me daquilo que não me convém.

Andarei sempre na Vossa Luz e esta sempre há de brilhar na minha vida e sempre encontrarei refúgio nos Teus braços.

Meu Bom e Amado Mestre Jesus.

Assim seja.

11- extraído do livro: **A Hierarquia dos Iluminados – Os Portadores da Luz Azul**, Narcy C. Fontes, Editora Madras, 1995.

Apelo a Mestra Nada

Com a autoridade e Poder da Divina Presença Eu Sou e da Bem-Amada Mestra Nada suplico para que enviai as Legiões de Anjos do Crístico Amor Cósmico e da Chama Rosa da Adoração, para que o Vosso Amor Divino me mantenha vitorioso em cada segundo de cada dia, em tudo o que faço, até que eu e meus semelhantes estejamos totalmente livres e ascensionados, agora e para sempre.

Eu Sou! Eu Sou! Eu Sou!

Eu Sou! Eu Sou! Eu Sou!

Apelo ao Mestre Saint Germain

Em nome do Bem-Amado Mestre Saint Germain afirmo: EU SOU a transmutadora Chama Violeta que flameja através de meu corpo etérico, sublimando e apagando as cicatrizes morais, mágoas ou ofensas, transmutando tudo em Luz.

Para Obter o Manto de Luz de Saint Germain

Ó! Deus Todo-Poderoso presente em meu coração! Ó! Bem-Amado Saint Germain, cercai-me com Vossa Luz, que ela seja tão forte que me torne invisível a toda força maléfica que tente me atacar. Que ela aumente e se consolide, formando um manto que me proteja e me envolva para sempre.

Eu Sou! Eu Sou! Eu Sou!

Eu Vos agradeço, Ó! Bem-Amado Saint Germain, pelo atendimento deste apelo.

Apelos aos Arcanjos[12]

Arcanjo Miguel - domingo

Bem-Amado Arcanjo Miguel, eu vos amo e vos abençôo. Agradeço vosso poderoso serviço que há tempo vindes dedicando a mim, aos humanos e à Terra.

Enviai a nós os vossos ascensionados anjos da proteção, para que eles enlacem a mim e minha vida e a toda pessoa que atue construtivamente sobre a Terra! Secccionai-nos de todo pensamento e sentimento que não represente para nós o imaculado Plano Divino! Eu vos agradeço.

Arcanjo Jofiel - segunda-feira

Bem-Amado Arcanjo Jofiel, eu vos amo e vos benção. Agradeço vosso grande serviço prestado a mim e a toda a humanidade. Carregai-me com vosso sentimento do Poder Divino em meu próprio coração, para que, com o Poder da Luz e do Amor, eu seja mestre de todas as circunstâncias da vida, as quais eu terei de aceitar e com esta Força e este Poder eu seja mestre de toda idéia celeste recebida do Coração Divino, para realizá-la e concretizá-la na Terra.

Arcanjos Samuel / Chamuel - terça-feira

Bem-Amado Arcanjo Samuel, eu vos amo e vos abençôo. Agradeço vossa abençoada assistência a mim e a toda humanidade!

12- Os apelos foram extraídos do livro: **Meditações e Apelos - Para cada dia da semana**, Ponte Para a Liberdade, 1992.

Flamejai vossa Chama Rosa de Adoração através de cada célula de meus quatro corpos inferiores. Eu apelo à Perfeição até que ela preencha todo meu ser e meu mundo! Flamejai vossa Chama Rosa de Adoração através do meu suprimento e de minhas finanças e deixai-a expandir-se para minha merecida liberdade! Flamejai vossa Chama Rosa de Adoração através de meus sentimentos, para que estenda o Amor Divino, até que em meu convívio este sentimento contamine outras vidas! Mantende-me encerrado no Pilar da Chama Rosa do Amor, da Adoração, da Consolação e da Perfeição!

Arcanjo Gabriel - quarta-feira

Bem-Amado Arcanjo Gabriel, eu vos amo e vos abençôo. Agradeço por tudo que vós significais para mim e para a humanidade. Carregai com a pressão da força de vosso Amor Cósmico estas minhas ordens: Eu Sou a Ressurreição e a Vida de minha eterna juventude e beleza, minha perfeita visão e audição, minha ilimitada força e energia e minha perfeita saúde! Eu Sou a Ressurreição e a Vida de meu ilimitado fornecimento em dinheiro e todas as coisas boas! Eu Sou a Ressurreição e a Vida de toda perfeição em meu mundo e de meu Plano Divino que agora se realiza!

Arcanjo Rafael - quinta-feira

Bem-Amado Arcanjo Rafael, eu vos amo e vos abençôo. Agradeço vosso grande auxílio prestado a mim e à humanidade. Selai-me e a todas as pessoas na vossa Chama da Consagração e da Perfeição! Auxiliai-me a ver somente a Perfeição! Eu penso na Perfeição, eu sinto a Perfeição, eu vejo a Perfeição, eu ouço a Perfeição, eu falo a Perfeição – Eu Sou e manifesto somente a Perfeição agora e para sempre.

Arcanjo Uriel - sexta-feira

Bem-Amado Arcanjo Uriel, eu vos amo e vos abençôo. Agradeço-vos e aos vossos anjos e a todos os anjos dos Serviços

Prestados. Agradeço por vosso abnegado serviço de tantos éons. Ajudai-me a auxiliar o meu anjo da guarda, para que ele me mantenha, constantemente, na senda da Pureza, harmonia e Felicidade!

Arcanjo Ezequiel - sábado

Bem-Amado Arcanjo Ezequiel, eu vos amo e vos abençôo. Agradeço por vossa assistência a mim e a toda a humanidade. Em nome da Bem-Amada Presença Divina Eu Sou e de toda a humanidade e através da força magnética do Fogo Sagrado, com o qual estou investido, apelo por vós como sacerdote (sacerdotisa) da Ordem de Ezequiel:

Bem-Amados Anjos do Fogo Violeta, (repita 3 vezes) *vinde, vinde, vinde e flamejai o Fogo Violeta do Amor pela Liberdade* (3 vezes) *através de minha aura, de meu mundo dos sentimentos e pensamentos, através de meu corpo físico, através de meu lar, meus negócios, finanças e interesses!*

Oração para o mês que se inicia[13]
Metatron

Anjo Conselheiro Celestial de todos os momentos, aconselha-me durante este mês que se inicia.

Que vossa sabedoria flua através de meu ser, que eu possa, em qualquer situação, agir com infinita inteligência.

Que todas as minhas ações sejam iluminadas para o bem de todos com quem eu me envolver.

Que toda a Luz recebida no percurso deste mês, eu possa duplicar e com paz em minha mente, serenidade em meu coração, equilíbrio interior e sorriso nos lábios eu transmita felicidade a todos que eu encontrar.

Amém.

13- Oração extraída do livro **Anjos Guardiães e Cabalísticos**, Anngela Marcondes Jabor, Editora Mystic, 1995.

Oração para a semana que se inicia[14]
Ratziel

Anjo de Infinita Sabedoria, guie meus passos e governe minha mente, durante esta semana, que começa a despontar.

Que por estes sete dias eu receba a Luz Divina que tanto necessito, para me manter equilibrado(a) ao seguir meus propósitos.

Que tranqüilamente, eu leve a todos meus irmãos, encarnados, a palavra que os colocará, no caminho do bem.

Amém.

Oração para Proteção Diária[15]
Miguel

Anjo de Infinita Luz.

Grande guerreiro que combate as trevas.

Que corta o mal com sua espada poderosa e flamejante.

Envie-me fogo purificador e regenerador.

Limpe-me das impurezas internas e externas.

Purifique todo o meu interior e todo o meu exterior.

Restaure, equilibre e harmonize todo o meu ser mental e espiritual.

Proteja-me para que eu não seja atingido pelas maldades de meus inimigos conscientes ou inconscientes, encarnados ou desencarnados, declarados ou ocultos.

Em ti confio e entrego-me para guiar-me e proteger-me por toda minha caminhada terrena.

Amém.

---

14 e 15- Oração extraída do livro **Anjos Guardiães e Cabalísticos**, Anngela Marcondes Jabor, Editora Mystic, 1995.

Apelos aos Anjos[16]

Apelo ao Anjo da Guarda

Querido Anjo da Guarda,

Companheiro desta minha jornada terrena.

Peço-vos que me perdoe pelos tempos em que não vos ouvi, não segui os caminhos que de várias maneiras me mostrastes.

Hoje quero imensamente vos agradecer por ter tido tamanha paciência a esperar por meu despertar.

Que juntos possamos evoluir, mesmo que nossa evolução seja paralela, necessito muito de vossa companhia.

Dê-me Luz e sabedoria em todos os meus momentos, pensamentos e ações.

Amém.

Apelo ao Anjo do Perdão

Ajude-me a libertar da mágoa que prejudica meu relacionamento com (nome da pessoa).

Modifique minha visão em relação a (nome da pessoa).

Que eu enxergue somente o lado positivo de (nome da pessoa) *e a boa oportunidade que ela me deu para o desenvolvimento de minha força espiritual.*

Que o perdão brote, cresça e permaneça em nossos corações e em nossas mentes, para que possamos viver em harmonia e cumprir serenamente nossas missões.

Amém.

16- Apelos extraídos do livro **Anjos Guardiães e Cabalísticos**, Anngela Marcondes Jabor, Editora Mystic,, 1995.

Apelo ao Anjo da Alegria

Solicito-lhe que sua energia positiva me contagie, tornando-me alegre e feliz a cada amanhecer.

Que no decorrer de meus dias, eu caminhe sempre com alegria em meu coração e expresse com facilidade toda a alegria que habita em meu ser.

Que meu lar esteja repleto de alegrias, seja fonte inesgotável de alegria.

Amém.

Apelo ao Anjo da Harmonia

Peço a vós que equilibre tudo o que se encontra em desequilíbrio, harmonizando tudo em mim e ao redor de mim.

Amém.

Apelo ao Anjo da Tecnologia

Anjo da Tecnologia,

Peço-te que instrua-me para encontrar a solução de que tanto necessito neste momento.

Que meus olhos internos enxerguem o que tanto procuro.

Que minha infinita inteligência Divina funcione sempre a meu favor e em benefício de todos os envolvidos por este meu trabalho.

Amém.

Apelo ao Anjo da Paz

Anjo Purificador, promotor da paz.

Que sua Luz preencha todo o meu ser, onde eu andar e com quem eu encontrar, eu transmita paz.

Sua bandeira em minhas mãos está, o símbolo da paz que cresce e se multiplica a cada amanhecer em meu ser.

Viva a Paz!

Amém.

Apelos aos Elohim

Elohim Hércules

Eu Sou a Vontade de Hércules
Eu Sou Sua plena irradiação
Eu Sou a Vontade de Hércules
Eu Sou Sua paz cósmica
Eu Sou a Vontade de Hércules
Eu Sou Seu poder cósmico
Eu Sou a Vontade de Hércules
Ele reforça esta Vontade em mim a cada hora!

Eu Sou a Proteção de Hércules
Eu Sou Sua plena irradiação
Eu Sou a Proteção de Hércules
Eu Sou Sua paz cósmica
Eu Sou a Proteção de Hércules
Eu Sou Seu poder cósmico
Eu Sou a Proteção de Hércules
Ele reforça esta Proteção em mim a cada hora!

Eu Sou a Força de Hércules
Eu Sou Sua plena irradiação
Eu Sou a Força de Hércules
Eu Sou Sua paz cósmica
Eu Sou a Força de Hércules
Eu Sou Seu poder cósmico
Eu Sou a Força de Hércules

Ele reforça esta Força em mim a cada hora!
Eu Sou a Força de Hércules
Eu Sou minha ilimitada força e poder.
Nunca desanimo!

ELOHIM DA PUREZA

Elohim, Elohim, Elohim da Pureza (repita 3 vezes), *envia tua pureza eterna sobre as crianças.* (Repita 3 vezes ao todo).

Eu peço e comando que este apelo seja atendido com a rapidez do relâmpago pela luz do Grande Sol Central.

ELOHIM DA PAZ

Elohim da Paz, Elohim da Paz, Elohim da Paz vem aos nossos lares e enche-os de Paz. (Repita 3 vezes).

Eu peço e comando que este apelo seja atendido com a rapidez do relâmpago pela luz do Grande Sol Central.

Apelos Diários ou em Caso de Necessidade

O Círculo de Proteção

Eu Sou o Círculo Mágico de Proteção ao meu redor que é invencível, repele todo elemento perturbador e todo o perigo, que tentar penetrar para me prejudicar. Eu Sou a Perfeição em meu mundo, que é auto-sustentada.

O Manto de Luz

Eu Sou, Eu Sou, Eu Sou, a Vitoriosa Presença do Onipotente Deus, que agora me envolve, em meu Chamejante e Brilhante Manto de Luz Branca, mantendo-me invisível e invulnerável, a toda criação humana, agora e para sempre. (Repita 3 vezes).

Carregando as Palavras com Iluminação

Eu Sou o Silêncio (3 vezes), *falo quando é necessário. Carrego cada palavra com Amor e Iluminação dos Mestres Ascensionados.*

Começo todos os dias com a Bênção de minha própria Presença Eu Sou, com Amor, Proteção e Iluminação das Legiões de Luz.

Para cada vida com que diariamente entro em contato, eu demando Iluminação e Libertação, e substituição de todas as falsas aparências pela Verdade.

Que assim seja, Amado Eu Sou.

PREENCHENDO NOSSO MUNDO COM AMOR

Em Nome da Presença de Deus Eu Sou, e pelo Poder magnético do Fogo Sagrado investido em nós, invocamos:

Amada Chohan Rowena, Amados Arcanjos Chamuel e Caridade, Amados Elohim Órion e Angélica, preenchei este lar (recinto, cidade...) *com o Amor Divino, e enviai os Anjos do Raio Rosa, para que Carreguem! Carreguem! Carreguem! Cada átomo deste local, com a Chama Rosa do Amor Divino.*

Carregai também nossos quatro veículos inferiores, nossos lares e famílias, nossos serviços espirituais, atividades, projetos construtivos, finanças e negócios, e cada coisa com que estamos conectados de qualquer forma, com a Substância da Chama Rosa do Amor.

Ajudai-nos a sustentar esta extraordinária atividade, com uma Radiação e ímpeto sempre expandindo-se, através de Vossa Assistência Cósmica.

Ajudai-nos a atrair e expandir a Chama Rosa do Amor, desde dentro do coração de nossa própria Chama Trina, como uma Bênção para toda vida com a qual contactamos.

Nós aceitamos este chamado realizado, sempre expansivo e precipitado, no Sagrado Nome de Deus, Eu Sou.

SERVIÇO AOS LARES

Kwan Yin, Amada Protetora dos Lares, nós Vos rogamos agora restabelecer o Lume do Fogo Sagrado, em todos os lares do planeta.

Caminhai sobre a Face da Terra, Amada Kwan Yin (repita 3 vezes), *visitai cada lar e carregai seus moradores, com o sentimento da Chama da Misericórdia e Compaixão para com toda Vida.*

Ajudai-nos a visualizar cada lar do planeta como um Foco de Luz, e pela Atividade do Fogo Sagrado, auxiliai as Abençoadas Guardiães do Lares, a Se manter livres, do eflúvio que Lhes é imposto.

Amada Kwan Yin, abençoai e protegei especialmente os nossos lares.

Pedimos que os Anjos do Fogo Violeta sustentem este nosso Chamado, até sua plena realização.

Pelo Poder do 12 x 12. Que assim seja, Amado Eu Sou.

A Paz Para Um Bom Sono

Pelo Poder Magnético da Chama Suprema da Paz em meu coração.

Eu Sou, Eu Sou, Eu Sou.

Poderes da Misericórdia, Conforto e Paz. Dai-me agora Vossa Paz para um sono perfeito, harmonizando meus quatro corpos inferiores, com o Equilíbrio e a Paz de minha própria Chama Trina, e com as Qualidades Divinas dos Retiros dos Mestres Ascensionados, que sou privilegiado de visitar enquanto durmo, ou em consciência projetada, em Vosso grande amor, harmonizai meu corpo físico para que eu tenha hoje e sempre um sono perfeito, o repouso tranqüilo para meu corpo mental e emocional, acelerando assim meu desabrochar espiritual.

Como discípulo vivente do Espírito Santo, ofereço-me agora como um canal da Paz para todos, para que Vossas Bênçãos alcancem toda a Vida, em todas as partes.

Assim Seja, no Amado Nome de Deus Eu Sou.

Apelo de Proteção ao Próximo

Bem-Amada Presença Divina Eu Sou em... (diga o nome completo de quem quer auxiliar), *envolvei...* (repita o nome) *em Vosso poderoso Manto de Luz Eletrônica, e fazei que esse Manto seja tão invulnerável que nenhuma desarmonia possa atacar...* (repita o nome).

Tornai... (nome) *invencível, invisível, invulnerável e inatingível contra tudo que não represente a Vossa Divina Perfeição, mas fazei...* (nome) *altamente receptivo para tudo que provém de Vós.*

APELO AO CÍRCULO DE FOGO DA BEM-AMADA ASTREA
(Deve ser feito todos os dias).

Bem-Amada Astrea, purificai o reino do astral; aplicai Vosso círculo de fogo em torno de cada alma que clama pela Luz. Consumi todos os cascões e formas-pensamentos nocivas que vagueiam.

Eu Sou! Eu Sou! Eu Sou!

Eu Vos agradeço, Ó! Bem-Amada Astrea, por atenderdes a este apelo.

APELO DE PROTEÇÃO A ENFERMO HOSPITALIZADO[17]

Ó Chama de Ouro do Grande Sol Central, aplicai um círculo de fogo em torno do leito de... (diga o nome completo da pessoa hospitalizada) *e protegei-o; protegei-o; protegei-o, protegei-o.*

Ó! Chama Verde do Grande Sol Central, descei no quarto de... (repita o nome) *e protegei-o; protegei-o, protegei-o, protegei-o.*

Ó! Chama Violeta do Grande Sol Central, enchei todo o hospital onde está... (repita o nome) *e protegei-o; protegei-o, protegei-o, protegei-o.*

Ó! Chama Azul do Grande Sol Central, tomai a forma de um zimbório sobre o hospital onde está... (nome) *e protegei-o; protegei-o, protegei-o, protegei-o.*

Eu Sou! Eu Sou! Eu Sou!

17- Têm sido observadas nas dependências de hospitais, manicômios, etc, invasões de entidades do astral inferior que estabelecem hospedagem no local. Algumas são frívolas, outras zombeteiras e ainda outras ociosas; mas a grande maioria é constituída por seres de comportamento perverso que vampirizam as energias dos enfermos ali recolhidos.
Recomenda-se invocar as chamas para proteção dos pacientes, a fim de não só impedir que sejam vampirizados como também diluir as formas-pensamentos imperantes; e os vibriões resultantes das ideoplastias habituais daqueles grupos perturbadores (e mesmo de alguns doentes). O efeito benéfico das chamas impede a assimilação contínua de substâncias enfermiças, renova a disposição e as defesas orgânicas e mentais dos enfermos. – **Invocação à Luz**, Ponte Para A Liberdade, Hércules Editora e Distribuidora Ltda, 1995.

Apelo a Mãe Maria em Favor de Um Enfermo

Ó! Deus Todo-Poderoso Presente em meu coração, Ó! Maria Mãe de Jesus, enviai Vossos anjos sobre Vosso Raio de Amor, que eles guardem... (diga o nome do enfermo) *e o curem.*

Ó! Maria, tornai a aquecer seu coração em Vossas mãos de Luz e tornai-o em Vosso seio.

Eu Vos agradeço, Ó! Maria, pelo atendimento deste apelo.

Primeiro Apelo ao Amanhecer

(Deve ser feito logo ao acordar).

Bem-Amada Presença Divina Eu Sou, que habitais na Chama Trina da Eterna Verdade em meu coração físico e o fazeis pulsar! Reverente, Vos agradeço por esta dádiva de Vossa própria vida em mim. Zelai para que eu A use, hoje e sempre, somente para expandir o bem a todos, no percurso de minha vida.

Fazei e conservai feliz e livre para sempre, cada pessoa, cada lugar e tudo que entrar em contato comigo, a fim de que eu siga o caminho da Luz.

Confiante, espero que isto seja realizado pelo poder do Eu Sou.

Apelo Para Combater a Fadiga

Ó! Deus Todo-Poderoso Presente em meu coração.

Ó! Bem-Amados Saint Germain, Hércules, Marte e Vitória. Dai-me a energia que me é necessária à realização de minha tarefa diária. Carregai-me com vossa presença, dai-me Vosso poder e Vossos raios! Carregai-me, carregai-me, carregai-me e o mundo inteiro com Vossa energia suprema e divina.

Eu Sou! Eu Sou! Eu Sou!

Eu peço que este apelo seja manifestado fisicamente.

Eu ordeno que ele seja manifestado fisicamente.

Eu Sou o poder que o faz aparecer no plano físico.

Apelo a Proteção da Luz Cósmica

Pela vitória fulgurante do Cristo Cósmico,

Eu Sou, Eu Sou, num pilar gigantesco de Luz Cósmica, que é minha defesa para sempre.

Eu Sou, Eu Sou, protegido por ela, por sua presença em torno de mim.

Eu a sinto! Eu lhe peço e comando encher meu manto eletrônico. Ela é tão real e tangível como eu no mundo físico.

Eu Sou! Eu Sou! Eu Sou!

Apelo de Proteção aos Jovens

Eu Sou a Ressurreição e a Vida da vitoriosa iluminação espiritual da geração da Nova Era.

Eu Sou a Ressurreição e a Vida do procedimento exemplar dos jovens deste planeta, segundo a Vontade Divina. Bem-Amado Arcanjo Miguel, livrai a juventude de tudo aquilo que não corresponde ao seu Plano Divino.

Apelo à Chama Verde-Limão Esclarecedora[18]

Ó! Poderosa Chama Verde-Limão, infiltrai-vos nesta situação... (diga no que deseja que a verdade venha a tona) *e aquecei, aquecei, aquecei a fim de que a verdade apareça na vossa Luz. Esclarecei a intenção oculta da coisa e colocai-a a nu.*

Eu Sou! Eu Sou! Eu Sou!

Eu vos agradeço o apelo a que atendestes.

Apelo à Mãe Divina

(Para solucionar algum problema que está fora de seu alcance).

Ó! Mãe Divina, Ó! Mãe Divina, Ó! Mãe Divina,

18- A Chama Verde-Limão faz vir à tona a mentira, a falsidade e as intenções ocultas das pessoas. Ela faz explodir a impostura e a situação é esclarecida em nome do bem e da verdade. – **Invocação à Luz**, Ponte Para a Liberdade, 1995.

Assumi o controle absoluto deste problema e resolve-o.
Eu Vos agradeço, Mãe Divina, por atenderdes ao meu apelo.
Eu Sou! Eu Sou! Eu Sou!

Prosperidade

A pessoa que é própera na sua fé, certamente será próspera em todos os aspectos de sua vida.

Cada pessoa tem igual capacidade para gerar abundância em todos os níveis e a qualquer momento.

Prece de Agradecimento[19]

Através do Poder de Deus ancorado em meu coração e nos corações de toda a humanidade, eu invoco as Chamas Sagradas da Gratidão e Aceitação. Precioso Fogo Sagrado, chamejando em, através e ao redor de cada elétron de meu Ser. Inunda minha consciência com Gratidão e Aceitação do Ilimitado Fluxo da Abundância de Deus. Eleva-me aos Reinos da Verdade e abençoa-me com clareza da Sabedoria Interior de que o Suprimento Divino de todas as coisas boas é minha Herança Divina.

Eu renuncio agora em nome de Deus, a todo o poder de limitação que eu já concedi a mim mesmo através de pensamentos, palavras, ações e sentimentos.

Eu renuncio agora, no nome de Deus, a todas as crenças que já tive, baseadas na consciência de pobreza.

Em profunda Humildade e Gratidão, eu consagro e dedico minha vida a ser a porta aberta através da qual a Ilimitada

19- Extraído do livro: **É tempo para você ser financeiramente livre!**, Patricia Diane Cota-Robes, J. Milton's Editora Ltda.

Abundância de Deus irá fluir para abençoar a mim, minha família, amigos e Co-Servidores de Toda a Humanidade.

Enquanto eu penso, falo, sinto e atuo, a Presença de Deus em mim está expandindo as Dádivas de Deus de Prosperidade para toda a vida evoluindo na Terra.

Eu Sou um Ser de Luz Desperto!
Eu aceito com gratidão as Dádivas de Deus de Prosperidade e Abundância Ilimitada!
E assim é!
Eu Sou! Eu Sou! Eu Sou!

Prosperidade Solar

Como Eu Sou esse Eu Sou agora retornando à Terra, reconheço-me Uno com o Fogo Solar do Deus Pai-Mãe. Eu Sou Presente, em Sua Ilimitada Esfera de Prosperidade, Beleza e Suprimento sem fim, de todos os Bens e Coisas Perfeitas, requeridas para cumprir meu Plano Divino, e manter a Segurança, Felicidade, Alegria e Paz em minha vida.

Ergo-me ante o Trono de Deus expandindo minha Presença Solar, à medida que afirmo:

Eu Sou desabrochando (3 vezes) *minha Chama para a Prosperidade Solar.*

Eu Sou desabrochando (3 vezes) *a Chama de minha família para a Prosperidade Solar.*

Eu Sou desabrochando (3 vezes) *a Chama de minha cidade para a Prosperidade Solar.*

Eu Sou desabrochando (3 vezes) *a Chama de meu país para a Prosperidade Solar.*

Eu Sou desabrochando (3 vezes) *a Chama de nosso doce planeta Terra para a Prosperidade Solar.*

Esta Chama flui através de mim e Eu Sou Sua Manifestação, na Unidade da Fraternidade Crística.

Atraindo a Abundância

Ó Deus Todo-Poderoso Presente em meu coração. Eu Sou demandando que a Chama Violeta, coloque rapidamente meu mundo em ordem. Que Ela me cinja com Sua Majestosa Autoridade, e Seu Poder Libertador, para que eu possa ir avante, e atrair a Abundância à minha vida, lar, país, e todo o planeta Terra. Eu Sou, Eu Sou, Eu Sou, Eu Sou.

Os Tesouros da Luz[20]

Fortuna Deusa da Abundância,
das riquezas de Deus no Alto,
envia os tesouros do Sol
e concede agora àqueles
que têm no coração a Luz de Deus,
todo o poder para trazer dos Céus
a abundância que expande o plano
que os Mestres têm para o ser humano.
Nossa consciência afina pela tua,
amplia a visão e faz-nos ver
que todos podem ter riqueza
se invocarem Deus com fé e pureza.
Que desça aqui, por nosso clamor,
um farto maná da mão de Deus,
que todos expressem divino amor
aqui embaixo e nos altos céus.

Libertação Financeira e Profissional[21]

Em nome do Pai, do Filho, do Espírito Santo e da Mãe Divina. Em nome de Sanat Kumara e Vênus. Em nome da minha Poderosa Presença do Eu Sou e do meu Santo Cristo Pessoal.

20- Extraído de **Orações, Meditações, Decretos Dinâmicos – para a Revolução Vindoura na Consciência Mais Elevada**, Summit Ligthouse do Brasil.
21- Extraído de: www. grandefraternidadebranca.com.br

Em nome de Hélios e Vesta, Jesus Cristo, a Mãe Maria e o Arcanjo Rafael, eu... (diga o seu nome), *invoco a Intercessão Divina na minha vida financeira e profissional. Invoco as Poderosas Energias de Evolução, Purificação e Expansão do Sol, invoco tudo o que preciso diretamente do meu Corpo Causal:*

Eu Sou (3 vezes), *aqui e agora, a satisfação de todas as minhas necessidades e carências!*

(Repita 3 vezes ao todo).

Eu Sou (3 vezes), *suprimento em abundância entregue a toda vida!* (Repita 3 vezes ao todo).

Eu Sou (3 vezes), *a ressurreição e a vida das minhas finanças.* (Repita 3 vezes esta afirmação).

Aqui e agora manifestadas nas minhas mãos e uso hoje. (Repita 3 vezes ao todo).

Amada Presença do Eu Sou, carrega, carrega, carrega!

Os meus quatro corpos inferiores, da ação purificadora e equilibradora, das Chamas Douradas, dos Raios de Sol enviados do Coração de Deus, no Grande sol Central!

(Repita 3 vezes).

Amada Presença do Eu Sou, libera, libera, libera!
Nas minhas mãos e no meu mundo, aqui e agora,
toda a Abundância Cósmica necessária para a minha
subsistência e a conclusão do meu Plano Divino,
diretamente da minha Poderosa Presença do Eu Sou
e do meu Corpo Causal!
(Repita 3 vezes).

Amada Presença do Eu Sou, liberta-me, liberta-me, liberta-me!

Aqui, agora e para sempre, de toda a limitação econômica e financeira, com todo o Poder do 3 x 3, e da radiação Dourada da Luz de Deus que nunca falha! (Repita 3 vezes).

Fortuna, Deusa do Suprimento,
de todas as riquezas dos Deuses do alto,
libere seus tesouros do Sol,
entregando agora a todos,
onde o coração bater um com a Luz de Deus,
o poder de retirar do mais alto Céu,
a Abundância para expandir o plano,
que os Mestres tem para cada homem.
Sintonize a nossa consciência com a vossa,
aumente a nossa visão agora
para ver que a Abundância é para todos
que olharem para Deus e pedirem.
Agora eu demando e comando,
abundante Mannah das mãos de Deus.
Assim na Terra como no Céu,
todos os homens expressarão o Amor Divino.
(Repita 3 vezes).

Ouro (3vezes), *em minha vida vai brilhar!*
Ouro (3 vezes), *como o Sol, em Abundância eu vou vibrar!*
Ouro (3 vezes), *suprimento radiante, onde quer que eu vá!*
Ouro (3 vezes), *é o poder a compensar!*
(Repita 3vezes ao todo).

Do meu Corpo Causal eu invoco!
Do meu Corpo Causal eu recebo!
Suprimento, oportunidades profissionais,
bons negócios a concretizar!
Mannah! Mannah! Mannah!
Basta eu acreditar;
Que tudo que eu precisar
Nas minhas mãos irá parar!
(Repita 3 vezes ao todo).

Eu magnetizo, magnetizo, magnetizo, aqui e agora todo o dinheiro que preciso!

Eu magnetizo, magnetizo, magnetizo, aqui e agora todo o suprimento que preciso!

Eu magnetizo, magnetizo, magnetizo, aqui e agora todas as oportunidades que preciso!

Da minha terra, da minha cidade, do meu país.

(Repita 3 vezes ao todo).

Eu invoco a Chama Violeta do Coração do planeta violeta para que queime e consuma (3 vezes), *com toda a oposição a minha vitória sobre a pobreza e a miséria.* (Repita 3 vezes ao todo).

Eu Sou (3 vezes) *a Esperança Divina em ação. Eu tenho sempre a expectativa positiva que os anjos do Senhor, me atenderão.* (Repita 3 vezes ao todo).

Amém, amém, amém.

E com toda fé, eu aceito conscientemente que isto se manifeste, manifeste, manifeste! Aqui e agora, com pleno poder, eternamente mantido, onipotentemente ativo, em contínua expansão e abrangendo o mundo inteiro até que todos tenham ascendido totalmente na Luz e sejam livres. Amado Eu Sou! Amado Eu Sou! Amado Eu Sou!

Eu quero que assim seja, e assim será!

Oração Huna de Djwhal Khul Pelo Dinheiro[22]

Amada Presença de Deus.

22- Esta oração foi transmitida por Djwhal Khul, via Terri Sue, para a manifestação de dinheiro para os Operários da Luz deste planeta. É uma oração muito poderosa e deve ser passada a outras pessoas, grupos, comunidades espirituais, além de usá-la em benefício próprio. Djwhal Khul, sugere que ela seja rezada uma vez por dia, durante trinta dias, para eliminar os bloqueios e manifestar sua herança divina de plena abundância em todos os níveis. Assim, você poderá executar melhor o serviço altruísta, que é a própria razão de você estar aqui. – Extraído do livro: **Além da Ascensão – Como concluir os sete níveis de iniciação**, Joshua David Stone, Editora Pensamento, 1998.

Pedimos e rogamos humildemente, de todo o nosso coração, de toda a nossa alma, de todo o nosso entendimento e de toda a nossa força, que a abundância divina se faça presente na nossa vida, por meio da riqueza e do sucesso pessoais.

Estamos dispostos a superar o medo a fim de realizar o Plano de Deus na Terra e além.

Pessoalmente, rogo tornar-me receptivo e aberto à riqueza financeira, a fim de cumprir meus compromissos coletivos e individuais em prol da humanidade.

Em nome de Deus, aceitamos neste momento a nossa herança divina, e agradecemos a Ti pela oportuna resposta a esta oração. Seja feita a vontade de Deus!

Amém.

(Repita 3 vezes em voz alta).

Nossas amadas mentes subconscientes, pedimos e ordenamos, amorosamente, que vocês levem esta oração-forma-pensamento até Deus, com toda força vital e o mana necessários e imprescindíveis à manifestação e à expressão desta oração.

Amém.

Respirando fundo, envie a oração a Deus. Aguarde entre dez a quinze segundos.

Senhor, que caia sobre nós a Chuva de Bênçãos!

Amém!

Sinta a energia que desce de Deus até você. Banhe-se nela.

Om. Om. Om. (Entoe serenamente e com devoção).

Diversos

Deus, dá-me ainda hoje, o dinheiro que necessito.

***

Deus em mim é o provedor do meu Tesouro, então sei que Deus produz para meu uso visível grande abundância, dinheiro tanto quanto seja necessário para meu emprego e que nunca é tarde, e que meus compromissos aparentes estão sendo administrados em tempo.

Observação: Veja também nas páginas 76 e 80, outros *Mantras e Afirmações*, que você pode fazer diariamente, para adquirir prosperidade e abundância.

Almas Gêmeas

Oração pelo(a) Companheiro(a) Perfeito(a)[23]

"Eu Sou" um (a) Filho(a) de Deus puro(a) e perfeito(a), porque fui criado(a) à Sua Imagem e Semelhança.

Neste mesmo instante, há uma pessoa que anela ser meu (minha) companheiro(a), e que saberá apreciar o que "Eu Sou".

A lei do Bem absoluto está atraindo a mim essa pessoa. O Espírito de Deus é a suprema atração do Universo, e "Eu Sou" parte integrante desse Espírito em manifestação.

Em meu desejo de ter um(a) companheiro(a), não existe egoísmo algum de minha parte, já que em minha consciência existe somente o Amor de Deus, que não conhece egoísmo.

Preparo-me agora para a chegada de meu(minha) companheiro(a), porque minha palavra põe em movimento a Lei imutável do Amor Divino, e olho para frente com Fé e Esperança.

Abro minha mente e meu coração, para receber de braços abertos a chegada de meu(minha) companheiro(a), de acordo com a Vontade de Deus.

Eu Vos agradeço, Amado Pai, pelas muitas manifestações de Vosso infalível Amor, que sempre me consolam e sustentam, fazendo-me compreender que nunca estou só.

Oração das Almas Gêmeas[24]

Senhor, imploro que minha Alma Gêmea

23- do **Livro de Decretos**, Grupo Avatar, J. Milton's Editora e Distribuidora.
24- do livro **Almas Gêmeas em busca da luz**, Dulce Regina, Encontro de Luz, 1997.

reconheça-me pelo olhar, pelo toque, pelas mãos,
sabendo que reencontrou a metade do seu ser
e que diante disso assuma integralmente nosso Amor
Sei que somos merecedores desse momento mágico,
Ó Pai amado! Peço que a fusão harmoniosa
de nossos corpos, almas e espíritos
seja imediata e plena.

Que nossa vibração acalme, cure e ilumine
os que estão na nossa faixa de irradiação de Amor.
e que unidos, Almas Gêmeas e irmãos,
possamos transformar o mundo em que vivemos.

Minha Alma Gêmea e eu agradecemos
a Sua infinita bondade, oh! Senhor,
e pedimos a Vossa Bênção.
Assim seja.

Chamas Gêmeas[25]

Eu Sou um ser de Fogo Violeta,
Eu Sou a pureza que Deus deseja!
A minha chama gêmea,
é um ser de Fogo Violeta.
A minha chama gêmea,
é a pureza que Deus deseja!

Eu e a minha chama gêmea,
somos um ser de Fogo Violeta.
Eu e a minha chama gêmea,
somos a pureza que Deus deseja!

25- do livro: **A busca da unidade com a Chama Gêmea**, Elizabeth Clare Prophet, Século XXI Editora, 1994.

Oração Para Encontrar a Metade da Alma[26]

Ó Deus, sei que existe neste mundo
uma pessoa que Vós estais
reservando para mim,
e que é a outra metade da minha alma.
Bem no íntimo da minha alma,
eu sei onde essa pessoa se encontra
neste momento.
Onde quer que ele(a) se encontre,
a força magnética do amor fará com que
nos aproximemos infalivelmente
e então se dará uma união harmoniosa e
abençoada por todos.
Eu Vos agradeço, Deus por haverdes criado
a outra metade da minha alma e
por estardes providenciando
para nos conduzir a um casamento feliz.

26- Oração extraída de **Meditação para contemplar a Deus Shinsokan e outras orações**, Taniguchi Masaharu, editado pela Sheicho No-Ie do Brasil.

Mantras

Mantras - palavras de poder que, ao serem pronunciadas em combinações, multiplicam suas forças, despertando os poderes latentes em cada ser. Os mantras podem ser usados para promover metas pré-determinadas. Toda energia sonora tem o poder de produzir efeitos benéficos em nossos corpos - físico, mental, emocional e espiritual. Um mantra deve ser recitado ou cantado várias vezes, durante 40 dias.

Sandra Meirelles em seu livro *Mantras - A verdadeira Arte da Alquimia,* Editora Mystic, diz:

"Para que entendam melhor o que os mantras nos fazem, experimentem. Eles, simplesmente, mudam nossas vidas.

... pois estimulam o processo de remoção de impurezas, energizando os chackras, podendo até provocar a queima de karmas".

Para o Lar

Eu Sou a Presença Conquistadora, que comanda Paz, Amor e Harmonia no meu lar e ambiente.

Eu Sou a Presença Governante, dirigindo em Perfeita Ordem Divina, comandando a Paz, a Felicidade, a Harmonia, e a Presença da Abundância Divina, em meu lar, minha mente, e meu mundo.

Mantra do 4° Raio

Eu Sou a Ressurreição e a Vida.
Eu Sou a Ascensão na Luz.
Eu Sou esse Eu Sou.
A Vitória me pertence.

Mantra do Fogo Violeta

Eu Sou o Poder do Fogo Violeta, maior do que esta experiência humana. (Repita 3 vezes ou quantas vezes necessárias).

Para antes de Começar o Dia

Eu Sou a Presença que me precede aonde quer que eu vá no dia de hoje, ordenando perfeita paz e harmonia em todas as minhas atividades.

Mantra Monádico

Eu Sou a Alma.
Eu Sou a Luz Divina.
Eu Sou Amor.
Eu Sou Vontade.
Eu Sou o Desígnio Imutável.

(Repita 3 vezes. - Este é um dos mantras mais poderosos, divulgado por Djwhal Khul. Ele é equilibrador, portanto, você pode fazê-lo sempre que se sentir indisposto, pois ele repõe, imediatamente, o seu equilíbrio).

***

Eu Sou a Presença que preenche com Perfeição o meu mundo no dia de hoje.

***

Eu Sou a Milagrosa Presença trabalhando em tudo que eu preciso que seja feito. (Repita 3 vezes).

***

De Abundância

Eu Sou as riquezas de Deus fluindo para as minhas mãos e uso, que nada pode deter.

***

Eu Sou a Presença Ativa que traz esse dinheiro que necessito, em minhas mãos, instantaneamente.

***

Eu Sou a Lei da Precipitação de tudo aquilo que necessito, neste instante mesmo.
Eu Sou, Eu Sou, Eu Sou.

***

Eu Sou a Ressurreição e a Vida da Abundância em dinheiro e todas coisas boas.

***

Om Mani Padme Hum
(Repita 3 vezes, quantas vezes for necessárias, durante o dia). *A jóia – da compaixão – no lótus – do coração.* Um dos mantras budistas mais poderosos, atualmente usado no mundo.

***

Om Gum Ganapatayei Namaha
(Para remover qualquer obstáculo. Ajuda muito na remoção dos obstáculos à prosperidade).

***

Maha Lakshimiyei
(Para alcançar a prosperidade).

***

Om Shanti Om
(Para tranquilizar e acalmar o emocional).

***

Oooommmm... (3x)
Kuuuaaannn Yiiiinnnn (7x)
Oooommmm... (3x)
(Para harmonizar o ambiente).

***

Na Mo Kuan Shih Yin Pu Sa

(Para proteção em viagem ou qualquer situação que a proteção se faça necessária).

***

Na Mo I Ju Kuan Yin

Para obter uma resposta ou a bênção de Kuan Yin, em um pedido, no prazo de 72 horas - Deve-se fazer o mantra acima, aproximadamente por 20 minutos. *(Pronuncia-se Ru onde está Ju).*

***

AFIRMAÇÕES

Em geral, cada afirmação deve ser repetida 3, 9, 18, 27 vezes, seguidamente, por 7 dias consecutivos. Coloque sempre força, firmeza, entusiasmo, determinação e muita fé em suas palavras. Afirme com convicção.

Bem-Amado Mestre Confúcio, fazei-me reconhecer quando devo calar e quando devo falar, para realizar a obra de perfeição do Pai de todo bem. (Repita 3 vezes).

Eu Vos agradeço.

***

Eu Sou a Ressurreição e a Vida do bem-estar em minha vida.

Eu Sou a Ressurreição e a Vida de minha juventude e beleza.

Eu Sou a Ressurreição e a Vida de minha perfeita visão.

Eu Sou a Ressurreição e a Vida de minha perfeita audição.

Eu Sou a Ressurreição e a Vida de minha perfeita saúde.

Eu Sou a Ressurreição e a Vida de meu ilimitado vigor e ânimo.

Eu Sou a Ressurreição e a Vida do Amor Divino.

Eu Sou a Ressurreição e a Vida de minha invencível proteção.

Eu Sou a Ressurreição e a Vida de meu ilimitado suprimento financeiro.

Eu Sou a Ressurreição e a Vida de todos os bens.

Eu Sou a Ressurreição e a Vida da Luz de Deus que nunca falha.

Eu Sou a Ressurreição e a Vida da paz e da liberdade sobre a Terra!

(Repita 3 vezes cada afirmação, diariamente).

***

Eu Sou a Presença do Amor Divino em todo o momento.

***

Eu Sou a Presença ordenando e sanando esta situação... (diz o que se trata).

***

Eu Sou a única Presença e Inteligência atuando em...

(Quando deseja-se auxiliar alguém).

***

Eu Sou a Presença Harmoniosa que sempre penetra, qualquer que seja a condição.

(Para eliminar recordações ou situações negativas).

***

Eu Sou a Poderosa Presença que governa minha vida e meu mundo, e Eu Sou a Paz, a Harmonia e a Coragem auto-sustentadas, que me levam serenamente através de tudo o que possa confrontar-me.

(Para obter domínio das circunstâncias).

***

Eu Sou a Presença que preenche meu mundo com Perfeição no dia de hoje.

(Afirmar logo ao acordar, pela manhã).

***

Eu Sou a Presença Divina que institui em meu lar e em minha circunvizinhança paz, amor e harmonia. (Repita 3 vezes).

***

Deus em mim, Presença Eu Sou manifestai-Vos, governai e resolvei harmoniosamente essa situação... (falar a situação).

(Para resolver qualquer tipo de situação).

***

Eu Sou a Presença que anula tudo isto, de modo que não possa atingir-me, nem a meu lar, nem a meu mundo.

(Para cortar situações desfavoráveis).

***

Eu Sou a Presença Guardiã, que consome instantaneamente tudo o que tente perturbar-me.

(Para cortar más influências, qualquer energia desfavorável).

***

Eu Sou, Eu Sou, eu sei que Eu Sou livre disto... (diz do que quer se libertar), *para sempre.*

***

Eu Sou a Presença Ativa, que traz esse dinheiro (imagine a quantia) *às minhas mãos instantaneamente.*

(Para atrair boa situação financeira ou melhorá-la).

***

Deus está comigo aonde quer que eu vá!

Sou cem por cento poderoso, amoroso e equilibrado em todos os momentos.

Sou totalmente invulnerável à energia negativa de outras pessoas. A energia negativa dos outros se desvia de mim sem provocar nenhum efeito.

***

Sou eu mesmo a causa de minhas emoções, e não outras pessoas. Jamais darei novamente aos outros tal poder sobre mim.

***

O único efeito que a energia negativa de outras pessoas tem sobre mim é o efeito que eu permito que ela tenha. De agora em diante, decido não mais ser afetado.

***

Essa irritação (ou medo, inveja, etc.) *não me pertence. Eu a libero de volta para o Universo.*

***

Reconheço neste momento que tudo o que aconteceu na minha vida foi positivo, pois tudo continha lições que eu precisava aprender.

***

Pai Celestial, eu raciocinarei, eu quererei, eu agirei, mas guia Tu minha razão, minha vontade e minha atividade para a coisa certa que eu deva fazer.[27]

***

Desde o começo do alvorecer, irradiarei minha alegria, hoje, a todos que encontrar. Serei, mentalmente a luz do sol para todos os que cruzem meu caminho neste dia.[28]

***

Hoje eu perdoo a todos os que algum dia me ofenderam. Dou meu amor a todos os corações sedentos, tanto aos que me amam quanto aos que não me amam.[29]

***

Ao irradiar amor e boa vontade para os outros abrirei o canal para que venha a mim o amor de Deus. O amor Divino é imã que atrai para mim todo o bem.[30]

***

Prosperidade

Tudo o que é meu por Direito Divino me é encaminhado agora e me chega com grandes avalanches de abundância, pela graça e de um modo milagroso...

Surpresas felizes me sucedem diariamente. – "Vejo com admiração o que se acha na minha frente".

27, 28, 29 e 30- extraído de: **Onde Existe Luz - Discernimento e Inspiração para Enfrentar os Desafios da Vida**, Paramahansa Yogananda, Self-Realization Fellowship, 1997.

Contra os Prejuízos

O que é meu por Direito Divino nunca me pode ser tirado. O plano perfeito de Deus para mim se apóia numa rocha inabalável.

Não há prejuízos na Mente Divina; portanto, não posso perder coisa alguma que justamente me pertença.

Por isso, o que é meu ser-me-á restituído ou receberei seu equivalente.

Para Vendas

Dou graças a Deus por esta(e)... (mercadoria, propriedade, objeto, carro, etc) *ser agora vendido(a) para a pessoa conveniente e pelo preço justo, havendo perfeita satisfação de ambas as partes.*

Afirmações para a Saúde Física

Todo dia, de todas as formas, torno-me cada vez melhor.

***

Todo dia, em todos os sentidos, estou ficando mais forte e saudável!

***

Tenho boa saúde física e abundância de vitalidade.

***

Durmo profundamente toda noite e desperto totalmente descansado e revigorado a cada manhã.

Meu corpo físico está agora sendo curado pelas mãos de Deus.

Pai, agradeço-Lhe a cura abençoada e milagrosa de... (diga o nome da pessoa curada).

***

Afirmação da Fé Iluminada

Eu Sou a Fé Iluminada dos Amados Arcanjos Miguel e Fé, e Eles reforçam esta fé em mim, a cada hora. (Repita 3 vezes).

Afirmações de Fé

De agora em diante, entrego todos os problemas e desafios às mãos de Deus.

***

Com a ajuda de Deus, hei de vencer!

***

Confio no Auxílio Divino! Sei que Suas mãos invisíveis agora estão agindo na minha vida e atendendo às minhas orações.

***

O universo tem provido generosamente todas as minhas necessidades na vida.[31]

***

31 - extraído de: **Palavras que Curam - Afirmações e Meditações para a Vida Diária**, Douglas Bloch, Editora Cultix, 1997.

Sou guiado e protegido em todos os momentos e em todos os lugares.[32]

***

Dou graças ao Universo que me tem favorecido plenamente.[33]

***

Agradeço a Deus pelas inúmeras bênçãos que venho recebendo na vida.[34]

***

Minha vida está transbordando de coisas boas.[35]

***

Abençôo e liberto todos aqueles que me fizeram sofrer.[36]

***

Tenho fé plena de que Deus agora está suprindo a todas as minhas necessidades.

***

Deus supre instantaneamente todas as minhas necessidades.

***

32, 33, 34, 35 e 36- extraído de: **Palavras que Curam - Afirmações e Meditações para a Vida Diária**, Douglas Bloch, Editora Cultix, 1997.

Eu Sou a Lei da Precipitação de tudo aquilo que necessito, neste instante mesmo.

Eu Sou, Eu Sou, Eu Sou.

(Para atrair abundância).

***

SALMOS[37]

Há alguns anos venho insistindo nos livros, com as pessoas, sobre a recitação dos salmos. Do quanto, o simples fato de lê-los, no período de 7 dias, benefícios nos trazem. Somente recitando-os para obtermos a comprovação de magníficos resultados.

Cada salmo é específico para cada situação ou ocasião de nossa vida. Da mesma maneira, cada um está relacionado a um anjo, portanto, quando recitamos um salmo, estamos invocando um anjo, para que venha em nosso auxílio no assunto que desejamos solucionar, melhorar, harmonizar, curar, proteger, conquistar ou realizar. O salmo escolhido deve ser recitado 7 dias consecutivos, em caso de urgência, 7 vezes num único dia ou seja, 7 horas seguidas. De acordo com o merecimento, o objetivo pode ser alcançado no 8°, 21° ou 72° dia. É claro que é de grande importância a credibilidade no resultado almejado. Existem casos que antes mesmo do término do 7° dia da recitação do salmo, o objetivo é atingido, aquilo que tanto se espera se realiza de imediato. Se você for abençoado e conseguir logo o que deseja, dê continuidade, não pare de recitar o salmo, até que se feche o ciclo de 7 dias. Procure sempre recitá-lo na mesma hora, pois este será o horário que você terá como um compromisso com o anjo que virá em seu auxílio. Considere que está hora é de seu encontro com o anjo que está trabalhando a seu favor, intercedendo por você, para que seja beneficiado no que

37- do livro: **Salmos Angelicais**, de Anngela Marcondes Jabor, Editora Mystic.

tanto espera realizar. Costumo dizer as pessoas que quando é algo que exige uma certa urgência, peça ajuda do Arcanjo Uriel, que é o Arcanjo das emergências. Além de recitar o salmo propício para o seu objetivo, recite o salmo 70, pois este salmo está relacionado ao Arcanjo Uriel, que vem em seu auxílio para acelerar os acontecimentos, mas evite ficar invocando-o o tempo todo, ele deve ser invocado mais em situações graves, que exijam emergência. E, em casos que precise de paz.

Salmo 16

(Para obter a liberação de algo, rapidamente.
Ter força nas provações).

O Senhor, a nossa Maior Riqueza

1 Poesia preciosa de Davi.
Ó! Senhor! Guarda-me, pois somente em Ti me sinto seguro.
2 Todos os dias digo: "O Senhor é a minha maior herança, fora de Ti, não me há outro bem".
3 Os anjos a Teu serviço, me prestam grandes auxílios. Sinto me feliz! Tenho meu refúgio, no amor do meu Senhor.
4 Aqueles que se iludem, usando Teu nome em vão e O invocando somente nas horas de grandes aflições, tenho pena. Não sabem o quanto perdem, não conhecem o que é felicidade, como é bom Senhor viver bem, permanentemente sob Tua proteção.
5 O Senhor é a minha fonte inesgotável de satisfação plena,
6 em Tuas mãos entrego-me, a minha vida cabe ao Senhor decidir o que me reserva o destino, de acordo com o meu merecimento.
7 Bendito é o meu Senhor, que a cada instante de minha vida, me aconselha, me ilumina, me irradia com a Tua sabedoria e me protege.
8 A presença do Senhor é constante em todos os meus momentos, esteja eu acordado ou dormindo, o Senhor está sempre ao meu lado. Com Tua poderosa proteção, eu sou inatingível. Nenhum mal se aproxima de mim.

9 Meu coração é pura alegria, minha alma irradia toda felicidade que vem do meu Senhor, meu corpo é saudável, minha saúde é perfeita, porque sou filho de Deus perfeito.

10 Creio no Senhor! De tudo faço, o possível e o impossível, para nunca desmerecer a Sua atenção.

11 Com Seus ensinamentos caminho por esta minha existência, a qual por Ti me foi permitida. Com o Senhor a minha direita, tudo me é facilitado para que eu possa cumprir minha missão.

Salmo 23

(Para reconciliar-se com todos. Afastar as falsas amizades).

O Bom Pastor

1 Salmo de Davi.

O Senhor é meu pastor, nada me falta, nem faltará.

2 Em verdes campos, me faz repousar, me conduz por águas tranqüilas

3 e reanima minha alma. Guia-me pelos caminhos da justiça. "Honro Teu nome e Teu amor por mim".

4 Mesmo que eu ande por um vale de sombra, não temo mal algum, pois bem sei que ao meu lado está o Senhor. Teu bastão e Teu cajado me confortam. Estou sob Tua forte e poderosa proteção.

5 Na presença de meus adversários, prepara-me uma linda e abundante mesa para minha tranqüila refeição, unge minha cabeça com óleo perfumado, minha taça transborda de tanta satisfação.

6 Com Teu amor, prospero sempre! Eu Sou eternamente grato ao Senhor, que me é fiel, me acompanha e sempre me acompanhará por todos os dias de minha vida. Habito na casa do Senhor, desde longa data para todo o sempre.

Salmo 30

(Eliminar todo tipo de energia negativa e maléfica, cortar o olho gordo e a inveja).

Novo sentido para a vida

1 Salmo de Davi. Canto para dedicação do templo.
2 Eu Te celebro Senhor, porque Tu me livrou das mãos dos inimigos, não permitindo que eles se alegrassem à minha custa.
3 Ó Senhor, rápido foi o Seu socorro a mim, pois mal terminei o meu apelo e o Senhor me curou.
4 Elevou minha alma da inferioridade, devolveu-me a vida digna, livrou-me da caída ao abismo.
5 Canto salmo ao Senhor, sou fiel a Tua lei, jamais me esqueço da Tua palavra.
6 Por todos os meus erros, o Senhor me perdoou, Sua benevolência é eterna. Durante a noite chorando, supliquei ao Senhor, pela manhã, meu coração explodia de alegria, o Senhor mostrou-me a Luz da Tua face.
7 Meu coração está tranqüilo, jamais tornará a oscilar, pois o Senhor o fortaleceu, e agora afirmo: "Não sou mais abalado em tempo algum, a toda maldade sou inabalável".
8 Por Tua palavra Senhor, me tornou forte como uma montanha, mas se me esconder novamente Tua face, ficarei perturbado.
9 A Ti, ó Senhor, eu clamo, suplico dizendo:
10 De que me servirá esta existência, se eu não souber ouvir a Tua palavra e seguir Teus mandamentos?
11 Senhor, ouça-me, vem depressa em meu socorro!
12 O Senhor converteu minhas lágrimas em risos, devolveu-me a alegria.
13 Minha alma canta salmos anunciando minha alegria, louvo o Senhor para todo o sempre.

Salmo 67

(Para prosperidade da empresa. Escolher bem a nova moradia).

Súplica pela Bênção Divina

1 Com instrumento de cordas. Salmo. Cântico.
2 Senhor tenha piedade de nós, abençoa-nos com a Luz da Tua face,

3 para que todos conheçam Teu caminho, a salvação e todos nós.
4 Redemos-Lhe graças Senhor! Todos unidos, rendemos-Lhe graças!
5 Canta-os alegremente, pois o Senhor nos governa com justiça.
6 Todos unidos, rendemos-Lhe graças Senhor, nosso Deus!
7 O Senhor nos abençoou com a terra fértil, a boa colheita de nosso sustento.
8 O Senhor continua os abençoando, louvemos o Senhor, nosso Deus!

SALMO 70

(Eliminar a preguiça, ser bem sucedido em cirurgia. Proteção contra enfermidades, calúnias e falência da empresa).

Pedido de Socorro

1 De Davi. Salmo para a comemoração.
2 Ó! Deus! Vem depressa me libertar! Apressa-Te em socorrer-me.
3 Que todos que procuram tirar meu sossego, fiquem confusos e envergonhados. Recuem cobertos de vergonha, os que usam seu tempo precioso, para semearem sua própria desgraça.
4 Que envergonhados por suas próprias desonras, eles não tenham forças para me encarar e dizerem: "Ah! Ah! Bem feito, te derrubamos".
5 Estou alegre, porque o Senhor me socorreu no momento que desesperado O invoquei. Ó! Deus! Como é grande o Teu amor pelos que Te buscam! Nossa salvação está em Ti. Por isso não me canso de dizer: "Seja Deus magnificado!"
6 Quanto a mim, um pobre e humilhado, Ó! Deus! Apressa-Te em socorrer-me! Tu é meu auxílio e libertador! Senhor, não demore!

SALMO 90

(Proteção contra os perigos noturnos, assaltos e roubos, combater insônias e pesadelos, atrair a boa sorte e alcançar alto cargo).

Oração contra os sofrimentos humanos

1 Oração de Moisés, homem de Deus.
O Senhor é nosso abrigo de geração em geração.
2 Antes das montanhas serem criadas, e se formar a Terra e todo o mundo, desde a eternidade, o Senhor é nosso Deus.
3 Faz o homem voltar ao pó, dizendo: "Retornai, filhos de Adão".
4 A Teus olhos, mil anos são como ontem, um dia que se vai, como uma hora da noite.
5 Tu os semeias ano por ano, como a erva que se renova:
6 de manhã, ela floresce, passa a noite, murcha, fica seca.
7 Sim, consome o mal em Tua cólera, apavora os maldosos com Teu furor.
8 Nossas faltas foram expostas a Tua presença, nossos segredos na luminosidade da Tua face.
9 Nossos dias se apagam, quando não O temos junto de nós, somente sob Tua proteção por muitos anos suspiramos.
10 Em média uma pessoa vive até setenta anos, mas a duração em cada existência, depende de nossos atos. Uma vida passa rápido, temos que aproveitar a oportunidade.
11 Quem conhece o Senhor, sabe que ao Teu lado a peregrinação por uma vida terrena, se torna mais leve, mais fácil de ser vivida.
12 Ensina-me Senhor a agir com a sabedoria do coração, para que eu possa melhor cumprir minha missão.
13 Senhor! Volta-se para mim, reconsidere o meu apelo.
14 Logo ao amanhecer, cantarei salmos com profunda alegria, por ter sido saciado com Tua fidelidade.
15 Senhor! Jamais quero ter o castigo de não tê-Lo ao meu lado, pois sem o Senhor por perto tudo é infelicidade.
16 Que todos possam vê-Lo e sentí-Lo, o Senhor é Grandioso aos Teus filhos.
17 Que o amor do Senhor, nosso Deus, esteja sobre nós, espíritos vivenciando esta experiência humana. Senhor, consolide a Tua obra através de nós, sim, que nossas mãos sejam abençoadas e que todos unidos possamos firmar o bem como nosso alicerce, nossos corações conservem a Tua obra e Tua lei para todo o sempre.

Salmo 91

(Proteção do lar e da família contra todos os males, perigos, tentações e perturbações. Obter vitória contra adversário profissional).

Oráculo de proteção

1 O Senhor habita sobre a proteção do Altíssimo, descansa à sombra do Onipotente.
2 Eu digo a todos: "O Senhor é o meu refúgio, meu escudo protetor, Deus meu em Quem confio".
3 O Senhor me livra do laço do caçador, da doença contagiosa, de todos os perigos.
4 De Suas asas faz o meu abrigo, de Suas plumas meu escudo, onde me refugio.
5 Não temo o terror da noite, nem a flecha que voa durante o dia, em pleno sol,
6 nem a epidemia que ronda no escuro, nem a peste que devasta ao meio dia.
7 Mesmo que caia, mil ao meu lado, dez mil a minha direita, eu não serei atingido.
8 Com meus próprios olhos vejo, que todos que seguiram direção oposta ao meu Senhor, buscaram suas recompensas pelo sofrimento que causaram ao seu próximo, foram castigados pelo retorno de suas ações.
9 Afirmo em alto bom som: "O Senhor é o meu refúgio!" Sinto-me protegido e confortado na morada do meu Senhor, Altíssimo.
10 Nenhum mal me atinge, desgraça alguma chega a minha família, desarmonia não há em meu lar,
11 pois o Senhor encarregou Seus anjos, de me guardarem em todos os caminhos.
12 Eles me carregam em suas asas, para que eu não tropece em pedra alguma.
13 Estou sobre o leão e a víbora, o tigre e o dragão, eles jamais me pegarão, pois estou a salvo com a proteção dos anjos do meu Senhor.
14 "Aquele que crê em mim, eu o liberto e o protejo, pois conhece meu nome".

15 *"Se me chamar, será atendido, estarei junto a ti, o livrarei das tuas aflições, nos momentos mais difíceis, lhe darei a salvação,*
16 *hei de saciá-lo, prolongarei a tua vida, mostrando lhe a salvação".*

SALMO 120

(Eliminar o medo, acabar com os pesadelos, afastar os rivais do caminho e ter sucesso nos negócios).

Oração contra as más línguas

1 Cântico de peregrinação.
Em minha aflição, chamei pelo meu Senhor, e Ele me respondeu.
2 Senhor, livra-me dos lábios mentirosos e da língua traiçoeira!
3 As pessoas que usam suas línguas para maldizerem, nada podem esperar do meu Senhor, pois Ele não aprova o uso indevido da palavra contra as pessoas de bem, nem a nada que existe e possui vida.
4 Palavras mal usadas são como flechas agudas, bem afiadas, que quando atiradas contra o alvo ferem e às vezes matam.
5 Meu Deus, assim como o pobre infeliz que viveu em Mosoc, permaneceu nas tendas de Cedar, sinto-me este coitado, tendo de viver num lugar onde a maioria das pessoas perdem seu precioso tempo com coisas pequeninas.
6 Há muito que tento modificar estas atitudes que nos diminuem, mas a mudança depende exclusivamente de cada um de nós, enquanto a vontade não surge, permaneço entre os que odeiam a paz.
7 Se falo de paz, sou zombado, se peço pela paz, encontro pessoas armando a guerra. Somente ao Seu lado Senhor vivo em paz.

SALMO 121

(Para prosperar, encontrar solução imediata para os problemas financeiros).

A Guarda e a Proteção do Senhor

1 Cântico de peregrinação.
Para as montanhas elevo meus olhos, de onde vem o meu auxílio?
2 O meu auxílio vem do Senhor, criador do Céu e da Terra.
3 O Senhor, não permite que eu tropece nas armadilhas, nem que meu anjo protetor durma em serviço.
4 O Senhor dia e noite me vigia,
5 o Sentinela de Israel, não repousa e não dorme, está sempre a minha direita.
6 De dia o sol não me fere, nem de noite a lua me causa dano algum.
7 O Senhor me guarda de todo o mal e protege minha vida.
8 O Senhor guarda minha entrada e minha saída, agora e sempre.

Salmo 130

(Eliminar a raiva, receber o apoio de pessoas influentes e novas propostas de trabalho).

Confiança no Perdão Divino

1 Cântico de peregrinação.
Das profundezas invoco O Senhor:
2 Senhor, ouça o meu apelo, que Teus ouvidos estejam atentos ao meu chamado suplicante!
3 Senhor, ajude-me a me corrigir pelo o amor, não pela dor do sofrimento. Perdão Senhor por minhas falhas à Tua lei.
4 Senhor, imploro por Teu perdão!
5 Em Teu perdão, Senhor, ponho toda a minha esperança.
6 Minha alma espera no Senhor, mais que o vigia pelo amanhecer, sim, mais que o vigia pelo amanhecer.
7 Assim como Israel, ponho a esperança no Senhor, pois no Senhor está a benignidade e a redenção, para o meu resgate.
8 O Senhor salvou Israel de todas as suas faltas. Salve-me Senhor das minhas!

Salmo 144

(Acelerar o chamado de um emprego, obter êxito, vitória, sucesso, fama e prestígio profissional. Livrar-se do mau humor).

Oração pela libertação e prosperidade

1 Salmo de Davi.

Bendito é o Senhor, meu rochedo, que adestra as minhas mãos para a batalha e meus punhos para a luta.

2 Meu benfeitor, minha fortaleza, meu defensor, meu libertador, meu escudo e meu refúgio, que submete os povos.

3 Senhor, o que é o homem para merecer tantas considerações?

4 São como o vento, seus dias como a sombra que passa.

5 Senhor, inclina os céus e desça, toque as montanhas, e que elas fumeguem.

6 Lance os relâmpagos, dispersa-os, lance Tuas flechas, e confunda-os.

7 Dos céus, estenda a Tua mão, salve-me, livra-me das águas torrenciais, das mãos dos adversários desconhecidos,

8 cujas bocas pronunciam mentiras, fazem falsos juramentos e suas mãos estão sujas de tantas maldades.

9 Ó Deus, eu Lhe canto um novo cântico e Lhe toco a harpa de dez cordas,

10 foi Tu Senhor que concedeu à vitória aos reis, e salvou Seu filho Davi.

11 Salve-me da espada assassina, livra-me das mãos de meus adversários, cujas bocas pronunciam mentiras, fazem falsos juramentos.

12 Sejam nossos filhos como plantas, bem-vindos desde a adolescência. Nossas filhas sejam como colunas modeladas, estruturas de um palácio.

13 Nossos celeiros estão repletos, ricamente providos, nossos rebanhos, multiplicam-se aos milhares, se multiplicam em nossos campos.

14 Que nossas mulas estejam sempre carregadas. Não haja brecha, nem fuga, nem prantos alarmantes em nossas praças.

15 Feliz é o povo que tem tudo isso. Feliz é o povo que tem Deus como o seu Senhor!

Preces

[38]*"Nesta oportunidade, desejo falar-vos sobre o real poder das preces e orações, para esclarecer-vos sobre a necessidade de praticá-las com plena consciência e sabedoria. Sabei que as palavras contidas numa prece devem ser balanceadas numa frequência vibratória elevada. A luz da sublime elevação será absorvida e sustentada por vós ou não, de acordo com a qualidade de pensamento e sentimento que acolherdes em vossos corações e mentes, quando estiverdes em oração".*

"Uma prece nunca deve ser envolvida por vibrações violentas, como revolta, raiva, ciúme e outras, o que certamente poderá ocasionar efeitos inesperados e contraditórios. As palavras contidas numa oração ou prece, principalmente se elas já possuem uma egrégora própria, são repletas de poder e magia; portanto devem ser conscientemente pronunciadas, cuidadas e jamais usadas sem necessidade ou de forma inadequada".

"Inúmeras preces têm em si o poder real da cura, do autoconhecimento, da autotransformação e divinização do homem".

Prece de Cáritas

Deus, Nosso Pai,
que Sois todo poder e bondade,
dai força àqueles que passam pela provação,

38- texto extraído do livro **O Servidor Divino - A urgente necessidade de servir**, I.M.M. Marinho, All Tasks, 2000.

dai Luz àqueles que procuram a verdade,

e ponde no coração do homem a compaixão e a caridade.

DEUS,

dai ao viajor a estrela guia, ao aflito a consolação, ao doente o repouso.

PAI,

dai ao culpado o arrependimento, à criança o guia, ao órfão o pai.

Que Vossa bondade se estenda sobre tudo o que criastes.

Piedade meu Deus para aqueles que não Vos conhecem, esperança para os que sofrem.

Que a Vossa bondade permita aos espíritos consoladores, derramarem por toda parte a paz, a esperança e a fé.

DEUS,

um raio, uma faísca do Vosso amor pode abrasar a Terra.

Deixai-nos beber na fonte dessa bondade fecunda e infinita e todas as lágrimas secarão e todas as dores acalmar-se-ão. Um só coração, um só pensamento subirá até Vós como um grito de reconhecimento e de amor.

Como Moisés sobre a montanha, nós Vos esperamos de braços abertos.

Oh! Bondade, Oh! Beleza, Oh! Perfeição e queremos de alguma sorte merecer a Vossa misericórdia.

DEUS,

dai-nos a força de ajudar-nos no progresso de subir até Vós, dai-nos a caridade pura, dai-nos a fé e a razão, dai-nos a simplicidade que fará de nossas almas o espelho onde refletirá um dia a Vossa santíssima imagem.

Conversa com Jesus Cristo

(Para resolver um problema).

"Meu querido Jesus Cristo, em Vós deposito toda minha confiança. Vós sabeis de tudo, ó Pai e Senhor do Universo. Vós sois o Rei dos Reis. Vós que fizestes o paralítico andar, o morto voltar a viver e o leproso sarar. Vós que vedes minhas angústias, minhas

lágrimas, bem sabeis, Divino Amigo, como preciso alcançar de Vós esta graça que espero, com muita fé e confiança. Fazei, Divino Jesus Cristo, que eu a alcance, pois, necessito muito, por isso Vos peço com muita fé (fazer o pedido com bastante fé e firmeza). *A conversa convosco, meu grande Mestre, me dá ânimo e alegria para viver. Como gratidão, mandarei imprimir um milheiro desta oração e distribuirei a outros que precisam de Vós, para que aprendam a ter fé e confiança em Vossa Misericórdia. Iluminai meus passos, assim como o sol ilumina todos os dias o amanhecer. Jesus Cristo, tenho total confiança em Vós e a cada dia que passa aumenta minha fé e meu amor!"*

Reze 1 Pai Nosso, 1 Ave Maria e Glória ao Pai.

Pegadas na Areia

Sonhei que estava andando na praia com o Senhor, e, através do Céu passavam cenas de minha vida. Para cada cena que passava, percebi que eram deixadas dois pares de pegadas na areia. Um era meu e o outro era do Senhor.

Quando a última cena de minha vida passou diante de nós, olhei para trás e notei que muitas vezes no caminho da minha vida, havia apenas um par de pegadas.

Senhor - perguntei - Tu me dissestes que uma vez que eu resolvi Te seguir, Tu andaria sempre comigo, todo caminho, mas notei que durante as maiores atribulações do meu viver, havia na areia dos caminhos da vida, apenas um par de pegadas. Não compreendo porque nas horas que mais necessitava de TI, Tu me deixastes.

Então o Senhor me respondeu:

Meu precioso filho, eu te amo muito, e jamais te deixaria nas horas de tuas provações e de teus sofrimentos. Quando vistes na areia apenas um par de pegadas, foi exatamente quando te carreguei em meus braços.

Uma prece de Compaixão[39]

39- Adaptação de "Uma prece de compaixão" do "Oxford Book of Prayer".

Dá-me, Senhor,
O coração de uma criança:
puro e translúcido como a primavera.
Dá-me um coração simples,
que nunca dê guarida à dor;
um coração que se doe totalmente,
delicado e compassivo.
Dá-me um coração fiel e generoso,
que nunca esqueça de nenhum bem que me tenha sido feito,
e que não guarde mágoas.
Torna meu coração gentil e humilde,
Amoroso sem esperar por nenhum retorno,
vasto para que nele tudo caiba,
corajoso.
Que não se amargure com a ingratidão,
que não se desesperance com a indiferença.
Um coração que seja penetrado pelo amor de Cristo,
um coração cujos desejos apenas se sintam satisfeitos,
em sua Divina Presença.
Dá-me, Senhor,
a mente e o coração
do Teu Filho.

PRECE DE UNIÃO ENTRE AS RELIGIÕES[40]

Comentário inicial:

"Teremos que criar uma nova linguagem de oração. E essa nova linguagem tem que vir de algo que transcende todas nossas tradições, e brota da proximidade do amor. Temos que partir, agora, conscientes do amor que nos une independentemente de nossas diferenças".

40- Retirado do livro "**Speaking of Silence – Christians and Buddhists on the Contemplative Way**" Ed. Paulist Press, 1987, pag. 224. - Thomas Merton - monge trapista - Prece feita por ele no encerramento da Primeira Conferência Inter-religiosa de Cúpula, em Calcutá, 1968.

"Deus, nós somos um Contigo. Tu nos tornaste unos Contigo. Tu nos ensinastes que se nos abrirmos uns aos outros, Tu estarás entre nós.

Ajuda-nos a preservar essa abertura, e lutar por ela com todo nosso coração.

Ajuda-nos a entender que não pode haver nenhum entendimento onde há rejeição mútua.

Oh, Deus, ao aceitarmos uns aos outros de todo o coração, total e completamente, aceitamos a Ti, e Te agradecemos, e Te adoramos, e Te amamos com todo nosso ser, porque nosso ser é o Teu Ser, nosso espírito está enraizado em Teu Espírito.

Preenche-nos com amor, e nos mantém unidos pelos laços do amor agora que partimos em direções diferentes, unidos nesse espírito que Te torna presente no mundo, e que Te faz a testemunha da realidade última, que é o Amor.

O amor venceu. O amor é vitorioso. Amém".

Prece em Benefício da Terra[41]

Senhor,

do centro de PUREZA que Tu és, que a Chama Violeta purificadora se irradie para todo o Universo!

Visualize o Universo, o Sol, a Terra e você mesmo irradiando do seu coração um sol de Chamas Violeta.

Que haja PUREZA entre nós Teus filhos na Terra!

Senhor,

do centro de AMOR que Tu és, que a Luz Rósea do Amor se irradie através de toda vida manifestada!

Visualize o Universo, o Sol, a Terra e você mesmo irradiando de seu coração um sol de Luz Rósea.

Que haja AMOR entre nós Teus filhos na Terra!

Senhor,

do centro de Paz que Tu és, que a Luz Branca da Paz se irradie através do coração de todos os Teus filhos!

41- extraída do livro **Sob a Luz da Oração**, Narcí Castro de Souza.

Visualize o Universo, o Sol, a Terra e você mesmo irradiando de seu coração um sol de Luz Branca com a palavra PAZ em letras douradas no centro.

Que haja PAZ entre nós Teus filhos na Terra!

Senhor,

do centro de SABEDORIA que Tu és, derrama-Te em Luz Dourada para todo o Cosmos!

Visualize o Universo, o Sol, a Terra e o seu próprio coração irradiando um sol de Luz Dourada.

Que haja SABEDORIA entre nós Teus filhos na Terra!

Senhor,

que a PUREZA, o AMOR, a PAZ e a SABEDORIA se estabeleçam na Terra.

Assim seja!

Preces da Semana[42]

Prece do Domingo

Pai-Mãe da vida universal, dá-me a proteção de que necessito para seguir em paz o meu caminho e dá-me força para resolver todas as dificuldades que surgirem e que eu possa sempre acender o lume nas noites escuras. Que eu escute sempre a voz do meu interior, por que ela é a Tua voz, ó Pai-Mãe da vida de todos os mundos.

Prece da Segunda - Feira

Pai-Mãe da vida universal, ilumina minha mente e meu coração, para que eu escute com clareza as vozes daqueles que querem me ajudar, e jamais dê abrigo a incertezas em meu coração. Que eu compreenda exatamente o que aqui estou para fazer,

42- extraído de www.segredodosdeuses.hpg.ig.com.br

que possa transformar numa estrada plana os caminhos pedregosos e que veja o mundo sempre com os olhos do Amor.

Prece da Terça-Feira

Pai-Mãe da vida universal, dá-me a coragem necessária para fazer aquilo que precisa ser feito, para não fazer o que não deve ser feito e dá-me a luz que me mostrará o rumo certo das minhas decisões. Ensina-me a colher no silêncio os frutos do entendimento, faz-me ver sempre o bem que existe em cada uma das pessoas, acompanha meus passos e não me permita fraquejar jamais.

Prece da Quarta-Feira

Pai-Mãe da vida universal, que eu seja sempre um veículo de paz e de Amor. Dá-me luz, sabedoria, capacidade de uma sábia escolha e os recursos materiais de que necessito para cumprir minha missão, neste mundo, seja ela amena ou árdua. Ajuda-me a plantar em terrenos áridos e que as dificuldades que surgem no caminho sejam meu maior desafio a prosseguir na jornada.

Prece da Quinta-Feira

Pai-Mãe da vida universal, dá-me o poder de equilibrar sempre a minha família, de encontrar as palavras certas para os momentos difíceis, de transmutar em Amor as desavenças e os ódios, e de levar a paz aos corações conturbados. Que jamais nenhum rancor encontre abrigo em meu coração, e que todos os momentos do meu dia sejam de entrega à Tua divindade e total confiança no Teu amparo.

Prece da Sexta-Feira

Pai-Mãe da vida universal, transforma meu lar num foco de luz e ilumina aqueles que me rodeiam. Que todos os que se aproximarem de mim, sintam o reflexo da Tua força e do Teu poder, e que a chama do Amor se mantenha sempre acesa em meu peito. Nos momentos mais difíceis, que eu sinta a Tua Paz dentro do meu coração e que nem por um instante deixe de sentir a força do Teu Amor.

Prece do Sábado

Pai-Mãe da vida universal, que eu leve sempre a saúde onde existem doenças e que com a minha presença o mal se transforme em bem. Dá-me paciência, perseverança, compreensão, e faz de mim o espelho que reflete a Tua luz . Mostra-me como transformar em alegria qualquer tristeza, como levar o equilíbrio àqueles que se encontram no desespero e como acender a chama do Amor nos corações mais empedernidos.

Prece ao Amanhecer[43]

Venho, Pai, me reverenciar diante da luz que me abraça.

Venho, Mestre, me colocar à disposição de amor e de paz para que minhas horas de percurso diário possam me abastecer e eu possa me dilatar em Tua direção.

Venho, no íntimo de mim mesmo, pedir-Te a proteção e o esclarecimento em tarefas que me permitam dilatar a minha esperança na reconstrução de minha alma e na do mundo que me acolhe.

Venho, Pai, agradecer pelo alimento deste dia, pela paz da minha alma, pelos indultos que me concedes.

Permita, Pai, que eu possa realizar as tarefas pretendidas e que, dentro das minhas possibilidades, esteja o meu crescimento como criatura infinita.

Ampara-me, Pai, em minhas dificuldades.

Lança-me a âncora da esperança para que eu possa querer continuar e buscar o meu fortalecimento íntimo na luta presente.

Que este dia possa revelar a mim em determinação de Sua excelsa vontade.

43- Emmanuel, psicografado por Angela Coutinho - 30/04/1999.

Que eu possa ser o amigo, o irmão e levar a paz, a compreensão e a esperança aos sofredores e àqueles que Te esqueceram.

Que meus passos me conduzam à plena complementação de minha alma.

Que eu consiga me fazer humilde e caridoso diante de mim mesmo e das almas que me envolvem.

Que, acima de tudo, Pai, eu possa ser sempre um filho Teu e Te buscar naqueles que colocastes à prova.

Que a luta diária seja o meu alimento espiritual trazendo-me a frequências ideais de ser eterno.

Ajuda-me a vencer a mim mesmo, a atenuar a minha culpa, a acolher a todos com amor, a empreender mais esta caminhada, entendendo que tudo que me abastece é por Ti tocado e que dentro de mim possa se consubstanciar a união pretendida.

Ampara-me, Pai, e que eu chegue a noite e possa novamente ter este diálogo amigo e confortador.

Que meus passos cumpram exatamente o percurso pedido por mim e, em cada momento de minha caminhada, eu jamais me esqueça que estás a me amparar e proteger.

Dai-me Forças, Senhor![44]

Pai Amado... Não está sendo nada fácil seguir em frente de cabeça erguida, em meio a tantos problemas! Doem-me os golpes desferidos pelas criaturas por quem me desvelei e que penso, em meu humilde entendimento, deviam-me um pouco mais de respeito e consideração.

Tenho procurado amar e auxiliar, na medida do possível, não só aos meus como a todos os meus semelhantes; tenho respeitado compromissos, honrado laços e cumprido fielmente todas as minhas obrigações, seja no lar, na rua ou no trabalho.

Ainda assim, Pai, minha recompensa tem sido a ingratidão e o pouco caso, como que a me fazer acreditar quão pouco valor possui aquilo que faço e que ofereço à vida!.

44- André Luiz, IDEAL André, 24.09.2002.

Por isso estou aqui, Senhor, rogando, envie os bons Espíritos - seus emissários junto às nossas dores - para me esclarecer, me consolar e me dar força para seguir em frente mesmo que sob o clima da incompreensão e da intolerância em que vivo hoje.

Dá-me sustentação, meu Pai, dá-me coragem e serenidade para enxergar as situações como elas realmente são, a fim de que meu coração não se inunde com o fel da mágoa e o visco do ressentimento, envenenando não só a mim como também às oportunidades presentes e que podem trazer em seu bojo a solução de meus problemas.

Guarda-me de chorar além das lágrimas que aliviam, não permitindo que minha alma mergulhe em pensamentos negativos e neles permaneça, prejudicando minha vida e minha saúde conscientemente. Pelo contrário, Pai, dissipando as nuvens de meu desencanto, possa o Senhor colocar em seu lugar a confiança plena em Tua Justiça e em Teu Amor, na certeza de que, se hoje colho lágrimas e desconsideração, amanhã será dia de sorrir entre laços e afagos mais sinceros.

Assim seja!

Prece da Confiança em Deus[45]
(Perante os Inimigos)

Senhor, é-me triste constatar que possuo inimigos nesta vida e que desejam, acima de tudo, o meu fracasso material e moral, muito embora eu nada deseje de mal para eles!

Sinto-lhes a presença em tudo o que perco ou que me fere, como que a sugerir que Tu ignoras-me o sofrimento.

No entanto, acima de toda dor ou dificuldade, sou Teu, e eles não sabem quão doce é pertencer-Te.

Eles não sabem que o descobri em mim, perene (ó sublime alento), e que desde então me alimento de inalterável felicidade.

Buscam ferir-me anulando todas as oportunidades e não sabem que me beijas a fronte a cada amanhecer, perfumando a minha estrada de esperanças sempre renovadas; buscam arruinar-

45- André Luiz, IDEAL André, 25.11.1998.

me, e não sabem que Teu amor rasga os véus da inferioridade que ainda me prende ao solo, e Teu cuidado dilacera os laços que me retêm ao lodo.

Por isso confio.

Se eles soubessem, Senhor, que faço apenas o que tu me ordenas, compreenderiam porque tenho Tua mão segura quando todos me deixam só, saberiam porque na noite sombria das provas, quando me armam ciladas, Tua imagem é o vigia que me embala em segurança.

Eles não sabem, Senhor (pobres cegos), que ao Teu influxo seguro, não firo meus pés nas pedras e nem as pedras ferem meus sentimentos.

Junto à Ti não existem lanças, nem dores, nem palavras rudes que causem dano.

És meu doce e sempre refúgio, no seio do Eterno Pai.

Tu estás comigo, Senhor, onde quer que eu vá, e me afagas a jornada no mundo à maneira do Sol, que acima de todas as intempéries, beija as flores do campo, mansamente, a cada novo amanhecer.

E isso, Senhor, porque me ensinaste a amá-Lo na hora escura da angústia, com a mesma certeza que o amo nos dias claros de luz.

Mas eles não sabem, Senhor (que pena)!

Assim seja!

Prece pelos Ausentes[46]

Pai Amado... Hoje quero pedir por todos aqueles que estão longe de mim, pelos mais variados motivos. Meu coração repleto de carinho deseja elevar até o Teu Coração uma prece de amor e de gratidão por tudo o que eles representaram e ainda representam para mim, não obstante, muitas vezes, a distância e a separação.

Peço por meus pais, a quem devo a oportunidade bendita da presente reencarnação e dos quais estou quase sempre ausente, cumprindo o caminho diferente que a vida me determinou.

46- André Luiz, IDEAL André, 29.12.2002.

Peço por meus irmãos, de quem nem sempre tenho notícias, seja por esquecimento, seja por comodismo, mas que vivem, carinhosa e perenemente, em meu mundo afetivo. Peço por meus familiares e parentes mais distanciados, corações que a vida ofertou-me para a sagrada tarefa da reaproximação e aos quais, infelizmente, nem sempre consegui cativar... Peço pelos amigos que foram surgindo em minha estrada ao longo do tempo e que alí mesmo permaneceram, não obstante amá-los sinceramente, porque era necessário prosseguir e nossos caminhos nem sempre eram os mesmo caminhos.

Peço, meu Deus, pela pessoa que me foi companheira, dividindo comigo momentos de luta e de paz, de amor e aflições, de alegrias e lágrimas, auxiliando-me a chegar até aqui, de alma serena e coração maduro. Peço por meus filhos que são a minha felicidade maior, mas que, assim como eu, pertencem ao mundo que lhes aguarda serviço e amor, para a consolidação de Teu Reino, e por isso nem sempre estão por perto, como eu de fato desejaria.

Peço enfim, Pai Amado, por mim também, pois que muitas vezes tenho estado ausente de mim mesmo, atribulado entre inúmeras preocupações diferentes, mergulhado em tarefas secundárias, envolvido em distrações exteriores e esquecido completamente, enfim, de me cuidar melhor, visando minha real e verdadeira felicidade.

A todos, Senhor, abençoa e guarda, derramando sobre cada um deles, e sobre mim também, a Tua Luz e o Teu amor, hoje e sempre!

Assim seja!

Prece a Chico Xavier[47]

Que Deus não permita que eu perca o Romantismo, mesmo eu sabendo que as rosas não falam.

Que eu não perca o Otimismo, mesmo sabendo que o futuro que nos espera não é assim tão alegre.

47- extraída de www.espiritismogi.com.br

Que eu não perca a Vontade de Viver, mesmo sabendo que a vida é, em muitos momentos, dolorosa.

Que eu não perca a Vontade de Ter Grandes Amigos, mesmo sabendo que, com as voltas do mundo, eles acabam indo embora de nossas vidas.

Que eu não perca a Vontade de Ajudar as Pessoas, mesmo sabendo que muitas delas são incapazes de ver, reconhecer e retribuir esta ajuda.

Que eu não perca o Equilíbrio, mesmo sabendo que inúmeras forças querem que eu caia.

Que eu não perca a Vontade de Amar, mesmo sabendo que a pessoa que eu mais amo, pode não sentir o mesmo sentimento por mim.

Que eu não perca a Luz e o Brilho no Olhar, mesmo sabendo que muitas coisas que verei no mundo, escurecerão meus olhos.

Que eu não perca a Garra, mesmo sabendo que a derrota e a perda são dois adversários extremamente perigosos.

Que eu não perca a Razão, mesmo sabendo que as tentações da vida são inúmeras e deliciosas.

Que eu não perca o Sentimento de Justiça, mesmo sabendo que o prejudicado possa ser eu.

Que eu não perca o meu Forte Abraço, mesmo sabendo que um dia meus braços estarão fracos.

Que eu não perca a Beleza e a Alegria de Ver, mesmo sabendo que muitas lágrimas brotarão dos meus olhos e escorrerão por minha alma.

Que eu não perca o Amor por Minha Família, mesmo sabendo que ela muitas vezes me exigiria esforços incríveis para manter a sua harmonia.

Que eu não perca a Vontade de Doar este Enorme Amor que existe em meu coração, mesmo sabendo que muitas vezes ele será submetido e até rejeitado.

Que eu não perca a Vontade de Ser Grande, mesmo sabendo que o mundo é pequeno.

47- extraída de www.gce.org.br

E acima de tudo, que eu jamais me esqueça que Deus me ama infinitamente, que um pequeno grão de alegria e esperança dentro de cada um é capaz de mudar e transformar qualquer coisa, pois a vida é construída nos sonhos e concretizada no amor!

Prece do Perdão[48]

Perdôo, livre e plenamente, a todos que, em qualquer época, me prejudicaram e a quem eu prejudiquei e o faço em caráter permanente.

Eu os abençôo sempre que vêm ao pensamento.

Ignoro o passado e dedico toda a minha atenção a um futuro glorioso de saúde, harmonia, prosperidade e paz perfeita.

Minha mente está calma e serena e, nesta atmosfera de paz e satisfação que me envolve, sinto-me profundamente fortalecido e livre de todo o medo.

Sinto, também, agora o amor e a beleza da Presença de Deus.

E tudo o que direciono aos outros de bondade e amor flui para mim em avalanche de abundância.

Dias após dia fico mais consciente do amor divino e tudo aquilo que é falso se desvanece.

Consigo agora que o rio da prosperidade, da harmonia e do poder curador flua através de todo o meu ser.

Descanso, minhas preocupações nos braços da divina paz imutável.

Sou filho de Deus e também, um elemento divino.

Deus tem necessidade de mim exatamente onde me encontro, pois, ele guia meus passos.

Sei que aqui me encontro como expressão do Amor, da vida, da verdade e da beleza divina e também para fazer aquilo que me compete e assim contribuir com a humanidade.

Tenho sempre muito a dar: Amor, Alegria, Satisfação, Cura, Paz e Sabedoria a todas as pessoas.

48- Autor desconhecido.

Aqui me encontro para fazer com que a dádiva de Deus, existente em meu íntimo se manifeste.

Sou uma jardineira de vida no planeta e colho tudo o que planto com amor e sabedoria.

Perdôo a mim mesmo por alimentar pensamentos negativos e destrutivos e dedico amor e satisfação a todos que me cercam.

Sei que perdoei a todos e que Deus perdoará a todos, por tudo o que me fizeram, mesmo que disto não tenha consciência.

Nada de desagradável ocorre e sinto-me então feliz e livre para usufruir as Dádivas Divinas.

Estou constantemente colhendo os frutos das maravilhas que plantei na minha mente subconsciente e Deus sempre manifesta tudo o que é de bom e útil ao seu propósito Divino.

Sou sempre divinamente guiado e esclarecido de tudo o que necessito saber, fazendo somente o que Deus me permite fazer.

Vivo assim em Paz e em perfeita Harmonia com as Leis de Deus.

Prece Final[49]

Senhor Meu Deus, ao final deste dia, ao final de minhas horas de trabalho, venho Te agradecer o tanto que me dispensaste em atenção e carinho, venho, mais uma vez, me estender a Teus pés e pedir-Te que torne as minhas horas de descanso um fluxo de águas calmas e repousantes, venho Te pedir que me abasteça e me recomponha para que eu possa Te amar em todos os meus momentos de tarefas e descansos.

Senhor, Meu Deus, somos todos filhos de Tua imensa misericórdia, somos complementos às Tuas necessárias obras, somos amizades e amores em percurso diário de nossas próprias evoluções, somos o tudo que almejas a cada momento de nosso crescimento.

49- Emmanuel, psicografado por Angela Coutinho - 25/08/1996.

Senhor, Meu Pai Amigo, a glória de Te entender só a teremos quando em perfeita comunhão de idéias e sentimentos estivermos, quando pudermos entender os nossos caminhos e necessidades, quando depois de uma labuta maior, mesmo assim, agradecermos as pedras que nos ferem, os espinhos que nos maculam.

Meu Amigo, Meu Pai Maior, depois das tarefas deste dia, cansados e necessitando de novas energias, Te pedimos a paz a esses momentos de repouso do corpo e da alma, a cura às nossas chagas momentâneas, a prece certa para nossos lábios, a frase amiga para Tua excelsa presença.

Ao final deste dia, embalados pela ânsia de Tua presença, ansiando muito por um alento maior, peço-Te que possamos nos encontrar nas plenitudes dos veios celestiais, peço-Te Pai, que me recebas intimamente e que, mesmo depois de ter o corpo cansado e o peito reprimido pelas angústias dos momentos vividos, possa ser ainda um filho Teu, ansiando um forte abraço e um forte carinho.

Pai, ajuda-me a vencer os meus medos, a fortalecer a minha mente, a fazer-me reagir a todos os momentos como Teu filho, sabendo amar e respeitar, perdoar e sonhar com a união de todos os irmãos.

Pai, sou Teu filho e Tu és Meu Maior Amigo, por isso Te peço a bênção à minha alma, a paz no meu repouso e o carinho na minha solidão.

Prece Milagrosa para alcançar uma Graça Urgente[50]
(de Santo Antônio de Categeró)

Oh, milagroso Santo Antônio de Categeró,
valei-me nesta hora de aflição.
Preciso de Vossa ajuda para vencer as lutas do dia a dia e as forças malígnas que procuram tirar-me a paz.
Libertai-me das doenças e de todas as bactérias

50- extraída de www.oracoes.com.br

infecciosas que querem contaminar o meu corpo
colocando-me enfermidades.
Oh, Santo Antônio de Categeró,
Estendei as Vossas mãos agora mesmo sobre mim,
livrando-me dos desastres, da inveja e todas
as obras malígnas.
Oh, Santo Antônio de Categeró,
Iluminai os meus passos, a fim de que, onde quer
que eu vá, não encontre impecilhos,
e guiado pela Vossa luz me desvie de todas armadilhas
preparadas pelos meus adversários.
Oh, Santo Antônio de Categeró,
abençoai a minha família, o meu pão e a minha casa,
cobrindo-nos com o véu da prosperidade, do amor,
da saúde e da felicidade.
Para sempre! Para sempre! Amém!
Em agradecimento, publique esta oração.

Orações aos Santos

Oração de São Francisco de Assis

Senhor;
fazei de mim um instrumento da Vossa paz!
onde houver ódio, que eu leve o amor,
onde houver ofensa, que eu leve o perdão;
onde houver discórdia, que eu leve a união;
onde houver dúvida, que eu leve a fé;
onde houver desespero, que eu leve a esperança;
onde houver trevas, que eu leve a Luz, e
onde houver tristeza, que eu leve a alegria.

Oh! Divino Mestre, fazei com que eu
procure mais consolar do que ser consolado;
compreender que ser compreendido;
amar que ser amado;
pois é dando que se recebe;
é perdoando que se é perdoado;
e é morrendo que se nasce para a vida eterna.
Amém.

Oração à São Francisco de Assis
(Pela Alegria e Gratidão).

Ó santo gentil da pobreza e da humildade, ensinaste-nos o quanto é importante rir e cantar. "A alegria espiritual" – disseste – "é tão necessária à alma quanto o sangue ao corpo".

Peço-te, ó São Francisco, que acrescentes humor e leveza

à minha vida, que levantes minha alma com entusiasmo e alegria. Ajuda-me a adorar a Deus na celebração do momento presente, no meu riso. Ajuda-me a expressar a minha gratidão e, através do riso e da felicidade, animar os corações de todos aqueles a quem amo.

Oração à São Patrício
(Pela Humildade).

Foste um santo evangélico que chegaste a amar de todo o coração um povo que te era estranho. Jamais consideraste os teus costumes superiores aos deles, nem procuraste impor aos outros a tua vontade. Peço-te que me concedas a tua capacidade de agir com sensibilidade e carinho para com os outros. Ajuda-me a discernir e a partilhar das emoções, pensamentos e sentimentos de meus amigos e entes queridos, dos estranhos e adversários, a fim de poder agir com amor para com eles. Peço-te que a sabedoria que adquiriste ao estender a mão a estranhos com humildade e amor se torne a essência da minha vida espiritual.

Oração de Proteção de São Patrício[51]

Em nome do Pai, do Filho, do Espírito Santo e da Mãe Divina, Eu decreto:... (faça os seus pedidos).

Quero ligar-me hoje,
ao poder de Deus para me proteger,
à grandeza de Deus para me dirigir,
à sabedoria de Deus para aprender,
ao olho de Deus para discernir,
ao ouvido de Deus para escutar,
à palavra de Deus para me purificar.

À mão de Deus para me amparar,
à senda de Deus para caminhar,
ao escudo de Deus para me proteger,

51- www.chamavioleta.com.br - Summit Ligthouse do Brasil.

ao exército de Deus para me defender
contra as armadilhas do demônio,
contra o vício, as tentações,
contra as más inclinações,
contra os homens que tramam o mal,
sejam muitos, sejam poucos, perto ou longe, é igual.

Cristo perto,
Cristo aqui,
Cristo comigo,
Cristo abaixo,
Cristo em mim,
Cristo atrás,
Cristo sobre mim,
Cristo à frente.

Cristo à esquerda e à direita,
Cristo de cá para lá,
Cristo na visão
de cada olho que busque,
em cada ouvido que escute,
em cada boca que comigo fale –
que Cristo possa estar
em cada coração que eu contatar.
Uno-me hoje ao Trino – faço o chamado,
com fé na Trindade – Unidade – Deus sobre todos e em toda parte.

E com toda a fé eu aceito conscientemente que isto se manifeste, que se manifeste, que se manifeste! (repita 3 vezes) *Aqui e agora, com pleno poder, eternamente mantido, onipotentemente ativo, em contínua expansão e abrangendo o mundo inteiro até que todos tenham ascendido na Luz e sejam livres. Amado Eu Sou! Amado Eu Sou! Amado Eu Sou!*

Oração a Santo Antônio - I
(Para encontrar um namorado).

Santo Antônio, eu sei que o casamento é uma vocação abençoada por Deus. É sacramento do amor, comparado ao amor que Cristo tem para com a Igreja.

Eu me sinto chamada ao casamento; por isto Santo Antônio, ajuda-me a encontrar um namorado bom, amável, sério e sincero, que tenha os mesmos sentimentos de afeto que eu sinto. Faze que nos completemos um ao outro e formemos uma união abençoada por Deus para que nós dois, juntos, sejamos capazes de vencer possíveis problemas familiares e conservemos sempre vivo o nosso amor, para que nunca falte a compreensão e a harmonia familiar.

Santo Antônio, abençoa-nos: a mim e a meu namorado; acompanha-nos até o altar e conserva-nos unidos pelo resto da nossa vida. Amém para sempre, amém.

Oração a Santo Antônio - II
(Para encontrar objetos perdidos).

Eu Vos saúdo, glorioso Santo Antônio, fiel protetor dos que em Vós esperam. Já que recebestes de Deus o poder especial de fazer achar os objetos perdidos, socorrei-me neste momento, a fim de que, mediante Vosso auxílio, eu encontre o objeto que procuro... (diga qual objeto que você perdeu).

Alcançai-me, sobretudo, uma fé viva, uma esperança firme, uma caridade ardente e uma docilidade sempre pronta aos desejos de Deus. Que eu não me detenha apenas nas coisas deste mundo. Saiba valorizá-las e utilizá-las como algo que nos foi emprestado e sobretudo por aquelas coisas que ladrão nenhum pode nos arrebatar e nem iremos perder jamais. Assim seja.

Cinco Minutos Diante de Santo Antônio

Há quanto tempo te esperava, ó alma devota, pois bem

conheço as graças de que necessitas e que queres que eu peça ao Senhor.

Estou disposto a fazer tudo por ti; mas, filho, dize-me uma a uma todas as tuas, necessidades, pois desejo ser o intermediário entre tua alma e Deus com o fim de suavizar teus males.

Sinto a aflição de teu coração e quero unir-me às tuas amarguras.

Desejas o meu auxílio no teu negócio ..., queres a minha proteção para restituir a paz na tua família ..., tens desejo de conseguir algum emprego ..., queres ajudar alguns pobres ..., alguma pessoa necessitada ..., desejas que cesse alguma tribulação ..., queres a tua saúde ou de alguém a quem muito estimas? Coragem, que tudo obterás.

Agradam-me também as almas sinceras que tomam sobre si as dores alheias, como se fossem próprias.

Mas eu bem vejo como desejas aquela graça que há tanto tempo me pedes.

Tem fé que não tardará a hora em que hás de obtê-la. Uma coisa porém, desejo de ti. Quero que sejas mais assíduo ao Santissímo Sacramento; mais devoto para com a nossa Mãe, Maria Santíssima; quero que propagues a minha devoção e ajudes meus pobres. Oh! quanto isso me agrada ao coração! Não sei negar nenhuma graça àqueles que socorrem os outros por meu amor, e bem sabes quantos favores são obtidos por esse meio.

Quantos, com viva fé, têm recorrido a mim com o pão dos pobres na mão e são atendidos! Invocam-me para ter êxito feliz em um negócio, para achar um objeto perdido, para obter a saúde de uma pessoa enferma, para conseguir a conversão de alguém afastado de Deus, e eu, por amor dos meus meus pobres cuja miséria está ao meu cargo, obtendo de Deus tudo o que pedem e ainda muito mais.

Temes que eu não faça outro tanto por ti? Não penses nisso porque prezo muito as prerrogativas concedidas por Deus de ser o Santo dos milagres.

Muitos outros, como tu, têm precisado de mim e temem pedir-me, pensando que me importunam.

Leio tudo no fundo do coração e a tudo darei remédio; hei de obter as graças; não temas.

Agora volta as tuas ocupações e não te esqueças do que te recomendei; vem sempre procurar-me, porque te espero; tuas visitas me hão de ser sempre agradáveis, porque amigo afeiçoado como eu não acharás.

Deixo-te no coração sagrado de Jesus e também no de Maria e no de São José.

Reze em seguida 1 Pai Nosso, Ave-Maria e Glória ao Pai.

Oração a São José
(Proteção à família).

Em nome do Pai, do Filho e do Espírito Santo.

A Vós, São José, que por Deus fostes, milagrosamente, escolhido para esposo da Virgem Maria, eu imploro auxílio nas atribulações.

Pelo sagrado laço do matrimônio Vos unistes à Virgem Imaculada, Mãe de Deus, e à Nossa Senhora como ao Menino Deus, dedicastes o Vosso amor constante, a Vossa fidelidade, sendo o exemplo do verdadeiro esposo e do dedicado pai de família, por todos os séculos passados e futuros.

Ó guardião da Sagrada Família, sêde também nosso protetor. Inspirai ao meu marido (dizer o nome do esposo), *aos meus filhos (mencionar os nomes dos filhos), a todos os membros de nossa família, genros, noras, netos, o respeito a Deus, a prática das virtudes cristãs, a amizade entre todos, para que nossa família, unida e pacífica, possa merecer as bênçãos de Nosso Senhor* (fazer o sinal da cruz) *Jesus Cristo.*

Glorioso São José, esposo de Maria, sêde vigilante em torno de nós, intercedendo junto ao Altíssimo Deus para que todos nós vivamos em paz, na observância dos preceitos do Senhor.

Inspirai a todos nós a amizade recíproca, o sentimento do dever, o procedimento leal de uns para com os outros e fortificai-nos no amor a Jesus, que nasceu e padeceu para a salvação da humanidade.

Sois o nosso guarda, o nosso guia, o nosso conselheiro e nosso exemplo. Para proteger a Virgem Maria e o Menino Jesus contra a perseguição de Herodes, guiastes, conduzistes, Vossa Sagrada Família ao refúgio no Egito. Para que todos os de minha família possamos cumprir os mandamentos da Lei de Deus, protegei-nos contra os embustes do demônio, contra os nossos inimigos, contra as adversidades, as doenças e todos os males, que não sejam permitidos por Deus.

Protegei-nos, casto esposo da Virgem Maria, a fim de podermos viver dignamente, até quando Deus nos chamar para a Bem-aventurança eterna.

Assim seja.

Oração a São Jorge

Ó São Jorge, meu Santo Guerreiro, invencível na fé em Deus, que trazeis em vosso rosto a esperança e confiança, abri meus caminhos. Eu andarei vestido e armado com vossas armas para que meus inimigos tendo pés não me alcancem, tendo mãos não me peguem, tendo olhos não me enxerguem e nem pensamentos possam ter para me fazerem mal. Armas de fogo ao meu corpo não alcançarão, facas e lanças se quebrarão sem ao meu corpo chegar, cordas e correntes se arrebentarão sem o meu corpo amarrar. Glorioso São Jorge, em nome de Deus, estendei vosso escudo e vossas poderosas armas, defendendo-me com vossa força e grandeza. Ajudai-me a superar todo desânimo e a alcançar a graça que vos peço (Fazer o pedido). *Dai-me coragem e esperança, fortalecei minha fé e auxiliai-me nesta necessidade.*

Reze 1 Pai Nosso, 1 Ave Maria e faça o sinal da cruz.

Oração de São Jorge

São Jorge, cavaleiro corajoso, abri os meus caminhos, ajudai-me a conseguir um bom emprego; fazei com que eu seja benquisto(a) por todos: superiores, colegas e subordinados.

Que a paz, o amor e a harmonia estejam sempre presentes,

no meu coração, no meu lar e no meu serviço; velai por mim e por meus familiares; protegei-nos sempre, abrindo e iluminando os nossos caminhos, ajudando-nos também a transmitir paz, amor e amizade entre todos os que nos cercam.

São Jorge Guerreiro, protegei-nos e abençoai-nos.

Amém.

Oração de São Bento

Glorioso São Bento, a Vossa Santidade, unida à força de Deus em Vossa alma e em Vossa mente, Vos tornou capaz de desmascarar a trama dos maus, até o copo com veneno estremecendo, partiu-se em mil pedaços e a droga venenosa perdeu sua força maléfica.

São Bento, em Vós confio! Dai-me calma e tranqüilidade: dai força à minha mente e ao meu pensamento para que, unindo-me ao poder infinito de Deus, eu seja capaz de reagir contra as ameaças do mal espiritual, da calúnia e da inveja. Ajudai-me também a vencer as doenças do meu corpo e da minha mente.

Que Deus me ajude e São Bento me proteja.

Amém.

Oração a São João da Cruz

(Pela Inspiração e Maravilhamento).

Ó poeta, reformador e gentil aventureiro da alma, entraste na noite escura e dela saíste transcendente. Teus escritos delineiam os passos do caminho místico e ensinam a beleza que reside no fundo do coração. Para sempre lhe serei grato por esta sabedoria. Peço-lhe que me ajudes a encontrar o místico que existe bem no fundo de mim. Ajuda-me a compreender as maravilhas do Céu e da Terra e a sentir a unidade essencial entre nós e elas.

Oração a Santo Expedito

Meu Santo Expedito das causas justas e urgentes, interceda por mim junto ao nosso Senhor Jesus Cristo, socorre-me nesta hora de aflição e desespero. Vós que sois um Santo Guerreiro, Vós que sois o Santo dos desesperados, Vós que sois o Santo das causas urgentes, proteja-me, ajuda-me, dai-me força, coragem e serenidade. Atenda ao meu pedido... (faça o seu pedido). *Meu Santo Expedito! Ajuda-me a superar estas horas difíceis, proteja-me de todos que possam me prejudicar, proteja a minha família, atenda ao meu pedido com urgência. Devolva-me a paz e a tranqüilidade. Meu Santo expedito! Serei grato pelo resto de minha vida e levarei seu nome a todos que tem fé. Muito obrigado.*

Reze 1 Pai-Nosso e 1 Ave-Maria.

Observação: Esta oração, deve ser feita sempre que alguma situação exija solução imediata. Santo Expedito atende de imediato, principalmente, quando precisa-se de Sua intervenção urgente. Obviamente, já sabemos que nossas súplicas são atendidas desde que sejam para o bem de todos os envolvidos, de acordo com o nosso merecimento e a vontade de Deus.

Oração a São João Evangelista

Em nome do Pai, do Filho e do Espírito Santo.

Ó Bem-aventurado evangelista São João, lembro-vos a terna e profunda amizade que por Vós sentia Jesus, Nosso Senhor. Lembro-vos Vossa amizade ao Salvador, sobre cujo peito inclinastes a cabeça, na Santa Ceia.

Peço-vos a graça de possuir bons e fiéis amigos e de evitar ou afastar os falsos, perjuros e hipócritas ou de maus costumes. Concedei-me a graça de sempre perseverar na fé em Nosso Senhor Jesus Cristo. Assim seja.

São João Evangelista, sêde meu refúgio.
São João Evangelista, protegei-me e guiai-me.
São João Evangelista, amparai-me.

Oração a São Tomás de Aquino

(Para ir bem nos estudos).

Infalível Criador, que dos tesouros da Vossa sabedoria, tirastes as hierarquias dos Anjos, colocando-as com ordem admirável no céu; distribuístes o universo com encantável harmonia. Vós que sois a verdadeira fonte da Luz e o princípio supremo da sabedoria, difunda sobre as trevas da minha mente o raio do esplendor, removendo as duplas trevas nas quais nasce: o pecado e a ignorância.

Vós que tornaste fecunda a língua das crianças, tornai erudita a minha língua e espalhe sobre os meus lábios a Vossa bênção. Concede-me a acuracidade para entender, a capacidade de reter, a sutileza de relevar, a facilidade de aprender, a graça abundante de falar e de escrever. Ensina-me a começar, rege-me a continuar e perseverar até o término. Vós que sois verdadeiro Deus e verdadeiro homem, que vive e reina pelos séculos dos séculos. Amém.

Oração a São Jerônimo

(Pelo Discernimento).

Pela tua raiva e teus confrontos, nos lembras de que todos temos o dever de enfrentar os irmãos de tempos em tempos. Lembra-nos, também, de que temos o dever de examinar a nós mesmos e enfrentar nossas próprias fraquezas e atitudes prejudiciais. Tua vida me ensina que devo aceitar os outros tais como são. Ensinaste a respeito do perigo da presunção; da importância de refletir sobre uma das palavras mais inquietantes de Jesus: "Aquele que estiver sem pecado na consciência, atire a primeira pedra". À Luz de teus ensinamentos, ó São Jerônimo, ajuda-me a ver a mim mesmo com clareza; ajuda-me a enfrentar meus preconceitos e só procurar mudar os outros a partir do amor. Caso veja que tenho o dever de enfrentar outra pessoa, peço-te que estejas comigo durante os momentos necessários, mas desagradáveis, desse confronto. Ajuda-me a não esquecer de que só o amor pode mudar tudo para o bem.

Oração a Santo Onofre

Ó Santo Onofre, que pela fé, penitência e força de vontade vencestes o vício do álcool, concedei-me a força e a graça de resistir à tentação da bebida. Livrai do vício, que é uma verdadeira doença, também os meus familiares e os meus amigos. Abençoai os "Alcoólicos Anônimos" para que conservem firme o seu propósito de viver afastados da bebida e de ajudar os seus semelhantes a fazer o mesmo.

Virgem Maria, mãe compassiva dos pecadores, socorrei-nos!

Santo Onofre, rogai por nós!

Oração a São Cosme e São Damião

São Cosme e São Damião, que por amor a Deus e ao próximo vos dedicastes à cura do corpo e da alma de vossos semelhantes, abençoai os médicos e farmacêuticos, medicai o meu corpo na doença e fortalecei a minha alma contra a superstição e todas as práticas do mal. Que vossa inocência e simplicidade acompanhem e protejam todas as nossas crianças. Que a alegria da consciência tranqüila, que sempre vos acompanhou, repouse também em meu coração. Que a vossa proteção, São Cosme e São Damião, conserve meu coração simples e sincero, para que sirvam também para mim as palavras de Jesus: "Deixai vir a mim os pequeninos, pois deles é o Reino dos Céus". São Cosme e São Damião, rogai por nós.

Reze 1 Pai-Nosso, 1 Ave-Maria e faça o sinal da cruz.

Oração Utilíssima de Santo Agostinho

Amabilíssimo Senhor Jesus Cristo, verdadeiro Deus, que no seio do eterno Pai Onipotente fostes mandado ao mundo para absolver pecados, remir aflitos, soltar encarcerados, congregar vagabundos, conduzir para sua pátria os peregrinos, compadecer-Vos dos verdadeiramente arrependidos, dignai-Vos de absolver e livrar a mim..... (dizer o próprio nome)*, criatura Vossa, da aflição e tribulação em que me vejo, porque Vós recebestes de Deus-Pai, Todo-Poderoso, o gênero humano para o comprardes, e feito homem, prodigiosamente nos comprastes o paraíso com o Vosso precioso sangue, estabelecendo uma inteira paz entre os anjos e os homens.*

Assim, pois, dignai-Vos, Senhor, de introduzir e confirmar uma perfeita concórdia entre mim e os meus inimigos e fazer que sobre mim resplandeça Vossa paz, Vossa graça e Vossa misericórdia, mitigando e extinguindo todo o ódio e furor que contra mim tiverem os meus adversários, como praticastes com Esaú, tirando-lhe toda aversão que tinha contra seu irmão Jacob.

Estendei, Senhor Jesus Cristo, sobre mim..... (dizer o próprio nome)*, criatura Vossa, o Vosso braço e a Vossa graça, e dignai-Vos de livrar-me de todos os que me têm ódio, como livrastes a Abrahão da mão dos caldeus; a seu filho Isaac da consumação do sacrifício; a José da tirania de seus irmãos; a Noé do dilúvio universal; a Lot do incêndio de Sodoma; a Moisés e Aarão, Vossos servos, e ao povo de Israel do poder do faraó e da escravidão no Egito; a Suzana do crime e do testemunho falso; a Judite do soberbo e impuro Holofernes; a Daniel do lago dos leões; aos três mancebos Sidrach, Misach e Abdênago da fornalha do fogo ardente; a Jonas do ventre da baleia; a filha da Cananéia da vexação do demônio; a Adão da pena do inferno; a Pedro das ondas do mar; a Paulo das prisões do cárcere.*

Ó, pois, Amabilíssimo Senhor Jesus Cristo, filho de Deus vivo, atendei também a mim....... (dizer o próprio nome)*, criatura Vossa, e vinde com presteza em meu socorro, pela Vossa encarnação, pelo Vosso nascimento, pela fome, pela sede, pelo frio, pelo calor, pelos trabalhos e aflições, pelas salivas e bofetadas, pelos açoites e coroa de espinhos, pelos cravos, pelo fel, pelo vinagre e pela cruel morte que por padecestes, pela lança que transpassou o Vosso peito e pelas sete palavras que na cruz dissestes: Em primeiro lugar a Deus Pai: Perdoai-lhes, Senhor, porque não sabem o que fazem. Depois ao bom ladrão, que estava Convosco crucificado: Digo-te na verdade que hoje estarás comigo no paraíso. Depois ao mesmo Pai: Heli, Heli, Lamma Sabactani, que vem a* *ser: Meu Deus, meu Deus, por que me desamparaste? Depois à Vossa mãe: Mulher, eis aí o teu filho. Depois ao discípulo: Eis ai a tua mãe, mostrando que cuidáveis dos Vossos amigos. Depois dissestes: Tenho sede, porque desejáveis a nossa salvação e a das almas santas que estavam no limbo. Dissestes depois ao Vosso Pai: Nas vossas mãos encomendo o meu espírito. E por último exclamastes, dizendo: Está consumado, porque estavam concluídos todos os Vossos trabalhos e dores.*

Rogo-Vos, pois, por todas essas coisas e pela Vossa descida ao limbo, pela Vossa ressurreição gloriosa, pelas freqüentes consolações que destes aos Vossos discípulos, pela Vossa admirável ascensão, pela vinda do Espírito Santo, pelo tremendo dia do juízo! Como também por todos os benefícios que tenho recebido da Vossa bondade (porque Vós me criastes do nada, Vós me remistes, Vós me concedestes a Vossa santa fé, Vós me fortalecestes contra as tentações do demônio e me prometestes a vida eterna); por tudo isso, meu Redentor, meu Senhor Jesus Cristo, humildemente Vos peço que agora e sempre me defendais do maligno adversário e de todo o perigo, para que, depois da presente vida, mereça eu gozar na bem-aventurança a Vossa divina presença.

Sim, compadecei-Vos de mim, miserável criatura, em todos os dias da minha vida. Ó Deus de Abrahão, Deus de Isaac e Deus de Jacob, compadei-Vos de mim... (dizer o próprio nome)*, criatura Vossa, e mandai para meu socorro o Vosso Arcanjo Miguel, que me guarde e me defenda de todos os meus inimigos carnais e espirituais, visíveis e invisíveis.*

E Vós, Miguel, Arcanjo de Cristo, defendei-me na última batalha, para que não pereça no tremendo juízo. Arcanjo de Cristo Santo, rogo-Vos pela graça que merecestes, e por nosso Senhor Jesus Cristo, que me livres de todo o mal e do último perigo na última hora da morte.

São Miguel, São Gabriel, São Rafael, e todos os outros Anjos e Arcanjos de Deus, socorrei esta miserável criatura: Rogo-Vos, humildemente, que me presteis o Vosso auxílio, para que nenhum inimigo me possa causar dano, tanto no caminho como no fogo, ou velando, ou dormindo, ou falando, ou calando, tanto na vida como na morte.

Eis aqui a cruz do Senhor (fazer o sinal da cruz). *Fugi, inimigos adversos. Vence o leão da tribo de Judá, descendente de Davi. Aleluia!*

Salvador do mundo, salvai-me; Salvador do mundo, ajudai-me. Vós que, pelo sangue e pela Vossa cruz, me remistes, salvai-me e defendei-me hoje e em todo o tempo.

Agios Theos (fazer o sinal da cruz), *Agios Ischiros* (fazer o sinal da cruz), *Agios Athanatos* (fazer o sinal da cruz), *Eleison Imas. Deus Santo* (fazer o sinal da cruz), *Deus Forte* (fazer o sinal da cruz), *Deus Imortal* (fazer o sinal da cruz). *Tende misericórdia de nós.*

Cruz de Cristo (fazer o sinal da cruz) *Salvai-me.*

Cruz de Cristo (fazer o sinal da cruz) *Protegei-me.*

Cruz de Cristo (fazer o sinal da cruz) *Defendei-me.*

Em nome do Pai (fazer o sinal da cruz), *do Filho* (fazer o sinal da cruz), *do Espírito Santo* (fazer o sinal da cruz).

Amém.

Oração na Páscoa de 1959[52]
(João XXIII).

Senhor de todas as nações.
Ó Jesus,
que reconciliastes os pecadores com o Pai.
Concedei a todos,
a cada um dos membros da família humana,
todos os dons desejados,
que a Vossa Luz expulse dos espíritos a treva do erro,
purifique o fundo dos corações,
ilumine, para cada um, o caminho de sua própria vocação,
suscite no mundo inteiro uma vontade ardente
de justiça,
de caridade,
de paz...

52 - Extraída do livro: **As mais Belas Orações de Todos os Tempos** – Seleção e Tradução de Rose Marie Muraro e Frei Raimundo Cintra, Editora Rosa dos Tempos, 1993.

Oração Dos Santos Anjos

Mensageiros de Deus, graças vos dou!

Eu... (diga o seu nome) *peço que me mostreis os caminhos do amor, da paz e da harmonia. Dai-me a vossa bênção, preparando o meu espírito, alma, corpo e mente para servir a Bondade Divina.*

Que a humanidade possa sentir e transbordar amor.

Acabai com a violência e a maldade. Orientai e curai os que precisam de um Anjo Curador, minorando seus sofrimentos e abrindo-lhes caminhos novos.

Dai o pão a quem tem fome e água a quem tem sede.

Dai aos governantes a humildade, a sabedoria, a consciência e a iluminação divina da prosperidade.

Fazei com que eu respeite a natureza em sua plenitude.

Orientai-me em minhas orações, em meus rituais para vossa invocação e na minha elevação ao Ser Supremo.

Ó Santos Anjos, unam-se a mim, ajudem-me, purifiquem-me.

Agradeço a Deus, nosso Pai.

Amém.

Oração de São Miguel Arcanjo[53]

(Para fazer sempre, quando estiver em perigo, para proteção da casa e das pessoas queridas).

Ó São Miguel Arcanjo, Príncipe do Céu e fiel guardião da humanidade!

Eu... (diga o seu nome), *apresento-me diante de vós confiando na sua bondade e na força imensa da sua intercessão. Me coloca na vossa presença acompanhado pelo meu anjo da guarda e por todos os anjos do céu, que, neste momento, tomo como testemunhas celestiais de minha devoção para convosco.*

São Miguel Arcanjo, escolho-vos hoje e sempre como meu protetor e defensor. Proponho firmemente vos honrar com todas as

53 - Esta oração foi inspirada no texto medieval descoberto no século XIX, pelo abade Houssay, da França.

minhas forças. Assisti-me durante toda a minha vida; defendei-me contra as dificuldades visíveis e invisíveis, tranquilizai minha alma com serenidade e confiança, dai-me sua calma e estabilidade.

Protegei minha casa com sua força, velai todos que amo com sua coragem, saciai o coração da humanidade com tua justiça.

E livrai-nos para sempre de todo o mal. Assim como hoje e por todos os séculos, dos séculos. Amém.

Oração ao Anjo São Gabriel[54]

(Para que todos os inimigos façam as pazes. Esta oração, deve ser feita durante sete dias, à noite, diante de uma vela acesa).

Em nome do Pai, do Filho e do Espírito Santo.

Bem-aventurados os pacíficos porque deles será o reino dos céus. Bem-aventurados os mansos e humildes de coração porque dominarão a Terra. Bem-aventurado o homem que teme ao Senhor. Bem-aventurados os humildes porque serão exaltados. São estes os ensinamentos de Nosso Senhor Jesus Cristo que vive e reina com o Pai, por todos os séculos dos séculos.

Assim seja.

São Gabriel, pureza, força, graça e beleza, sêde meu intercessor perante o trono de Deus.

São Gabriel, intercedei junto ao Senhor para que perdoe... (diga o nome das pessoas) *e lhes conceda a graça de ver o seu estado de pecado e ofensa a Deus, mantendo-se ambos nessa inimizade.*

São Gabriel, rogai a Deus que ambos cessem o seu ódio e reconciliem-se na santa amizade de Nosso Senhor Jesus Cristo, que padeceu e morreu pelos pecados dos homens e perdoou seus algozes.

Senhor, Deus misericordioso, derramai sobre os corações deles... (repita os nomes) *a Luz do seu amor, para que sejam bons irmãos, reconciliados, esquecidos das ofensas e sem mais recaírem em amizade possam um dia ser dignos da felicidade eterna.*

Assim seja.

54- extraído do livro: **Os Sete Raios da Grande Fraternidade Branca**, R. M. Schepis, Editora Madras, 1997.

Orações as Santas

Oração de Santa Catarina
(Para abrandar os corações dos inimigos).

Minha Santa Catarina, clara e digna, Vós fostes aquela senhora que passou pela porta de Abraão, achastes 400 homens tão bravos como leões e Vós, com as Vossas santas palavras, abrandastes seus corações; assim, minha Beata Santa Catarina, abrandai os corações de meus inimigos, se tiverem pés, que não me alcancem; se tiverem mãos, que não me agarrem, e se tiverem olhos que não me vejam; e se vejam tão acorrentados de pés e mãos como o Senhor Jesus Cristo se viu na cruz para todo o sempre.

Amém.

Oração à Santa Clara

Ó amável Santa Clara, por teu amor à infância de Jesus, alcança-nos a proteção sobre nossa família.

Por teu amor à paixão de Jesus, alcança-nos força e coragem na provação. Por teu amor à Igreja, alcança-nos a Fé, a Esperança e a Caridade. Por teu Amor aos irmãos, alcança-nos a graça que vos pedimos... Por teu amor a oração, alcança-nos o desejo de "Estar" com o Senhor. Por teu amor à pobreza, alcança-nos desprender-nos dos vícios e pecados. Por tua Santa Morte, alcança-nos também a nós, uma vida e morte santas nas mãos da Virgem Maria. Amém.

Que Santa Clara me ilumine e ajude-me a alcançar a graça de que tanto necessito.

Oração à Santa Bárbara

Ó Santa Bárbara, que sois mais forte que as torres das fortalezas e a violência dos furacões, fazei com que os raios não me atinjam, os trovões não me assustem e o troar dos canhões não me abalem a coragem e a bravura. Ficai sempre a meu lado para que eu possa enfrentar, de fronte erguida e rosto sereno, todas as tempestades e batalhas de minha vida: (fazer o pedido) *para que, vencedor de todas as lutas, com a consciência do dever cumprido, possa agradecer a vós, minha protetora e render Graças à Deus, criador do Céu, da Terra, da Natureza; este Deus que tem poder de dominar o furor das tempestades e abrandar a crueldade das guerras. Amém. Santa Bárbara, rogai por nós.*

Reze 3 Pai Nosso, 3 Ave Maria e 3 Glória ao Pai.

Oração à Santa Rita de Cássia

Ó Santa Rita de Cássia, não me quereis ajudar e consolar? Quereis afastar o Vosso olhar e a Vossa piedade do meu coração tão provado pela dor? Também Vós, minha querida Santa, sabeis o que é o martírio do coração, pelas dores atrozes que sofrestes, pelas lágrimas que santamente derramastes. Ah! Vinde em meu auxílio, falai, rezai, intercedei por mim que não ouso fazê-lo junto ao Coração de Deus, Pai de Misericórdia e Fonte de toda Consolação. Alcançai-me a graça que tanto desejo e necessito... (faça o seu pedido). *Apresentada por Vós que sois tão cara a Deus a minha prece será certamente atendida. Dizei ao Senhor que esta graça servi-me-á para melhorar minha vida e os meus hábitos, e proclamar na Terra e no Céu a Misericórdia Divina.*

Reze 3 Pai-Nosso e 3 Ave-Maria.

Observação: Caso o pedido seja considerado impossível, mas que necessita de urgência num caso desesperador, você pode fazer esta oração, durante 9 dias. Nesta novena, no 1° dia, você acende 1 vela branca e apague-a, no término da oração. Faça isto todos os dias, com exceção do nono, onde a vela deverá queimar até o fim.

Oração à Nossa Senhora Desatadora de Nós

Santa Maria, cheia da Presença de Deus, durante Vossa vida aceitastes com toda a humildade a vontade do Pai e o maligno nunca foi capaz de Vos envolver em suas confusões; e junto a Vosso Filho intercedestes por nossas dificuldades e, com toda paciência, nos destes o exemplo de como desenrolar as linhas de nossa vida. Ao se dar para sempre como nossa Mãe, pondes uma ordem e fazeis mais estreitos os laços que nos unem ao Senhor.

Santa Maria, Mãe de Jesus e nossa Mãe, Vós que com coração materno desatais os nós que entorpecem nossa vida, vos pedimos que recebeis em Vossas mãos o meu pedido... (faça o seu pedido) *e que nos livreis das amarras e confusões com que nos castiga aquele que é nosso inimigo. Por Vossa graça, por Vossa intercessão, com Vosso exemplo, livrai-nos de todo o mal, Senhora Nossa e desatais os nós que impedem de nos unirmos a Deus. Para que nos livre de toda confusão e erros, O louvemos em todas as coisas. Nele coloquemos nossos corações e possamos sempre serví-Lo através dos nossos irmãos. Prometo que serei devoto à Vós e propagarei a muitos Vosso sagrado nome, para que outros necessitados recorram ao Vosso auxílio maternal. Amém.*

Reze 3 Ave-Maria.

Oração à Maria Desatadora dos Nós

Virgem Maria, Mãe do belo amor,

Mãe que jamais deixa de vir em socorro a um filho aflito,

Mãe cujas as mãos não param nunca de servir seus amados filhos, pois são movidas pelo amor divino e a imensa misericórdia que existem em teu coração.

Volta o Teu olhar compassivo sobre mim e vê o emaranhado de nós que há em minha vida.

Tu bem conheces o meu desespero, a minha dor e o quanto estou amarrada(o) por causa destes nós, Maria, Mãe que Deus encarregou de desatar os nós da vida dos seus filhos, confio hoje a fita da minha vida em tuas mãos.

Ninguém, nem mesmo o maligno poderá tirá-la do teu precioso amparo.

Em Tuas mãos não há nó que não poderá ser desfeito.

Mãe Poderosa, por Tua graça e Teu poder intercessor junto a Teu Filho e Meu Libertador, Jesus, recebe hoje em Tuas mãos este nó.......... Peço-Te para desatá-lo para a glória de Deus, e por todo o sempre.

Vós sois a minha esperança.

Ó Senhora minha, sois a minha única consolação dada por Deus, a fortaleza das minhas débeis forças, a riqueza das minhas misérias, a liberdade, com Cristo, das minhas cadeias.

Ouve minha súplica. Guarda-me, guia-me, protege-me, ó seguro refúgio !

Maria, Desatadora dos nós,

Roga por mim.

Reze 1 Pai Nosso, 1 Ave Maria e faça o sinal da cruz.

Oração a Nossa Senhora da Guia

A Corte Celestial perpetuamente canta Vossos louvores, ó Rainha dos Anjos e dos Santos, soberana, clemente e misericordiosa.

Sois o refúgio dos pecadores; por isso, venho, contrito, pedir Vossa intercessão junto ao Vosso Filho, Nosso Senhor Jesus Cristo, perdão para os meus pecados, a graça de evitar os maus caminhos, que levam à perdição.

Suplico-Vos, Senhora, Vosso auxílio na minha existência, Vossa proteção em minhas atividades, Vosso amparo em meus negócios, o favor de me abrir os olhos, a inteligência, a fim de que compreenda onde está a minha salvação, quais os recursos de que me servir, para não ser mal sucedido(a).

Afastai de mim os inimigos, os desonestos, os homens sem fé e sem caridade.

Concedei-me boa disposição de alma e de corpo, para que possa dirigir meus interesses para que eu jamais recuse um auxílio aos que necessitam de pão e de socorro material e espiritual.

Dai-me paciência, perseverança, destemor, diante dos obstáculos.

Dai-me, Senhora da Guia, Vosso amparo.

Assim seja.

Mãe Imaculada, rogai por nós.

Mãe Amável, rogai por nós.

Mãe Admirável, rogai por nós.

Reze 3 Pai-Nosso, 3 Ave-Maria e 1 Salve Rainha.

Oração a Santa Joana D'Arc
(Pela Fé).

Diante de teus inimigos, diante dos tormentos, do ridículo e da dúvida, te apegaste firmemente à tua fé. Diante do abandono, sozinha e sem amigos, te apegaste firmemente à tua fé. Mesmo quando tiveste de encarar a tua própria mortalidade, te apegaste firmemente à tua fé. Peço-te, Santa Joana, que nas minhas crenças eu seja corajoso(a) como tu. Peço-te que cavalgues a meu lado em minhas lutas. Ajuda-me a saber que as coisas boas podem ser conquistadas com persistência. Ajuda-me a permanecer firme na fé. Ajuda-me a crer na minha capacidade de agir com bondade e sabedoria.

Oração a Santa Teresa de Ávila
(Pelo Equilíbrio).

Certa vez, pediste a Deus: "Livrai-me dos santos carrancudos". Tua vida é exemplo de humor e amor, de ação e contemplação. Peço-te que me lembres que a melhor maneira de viver a vida é vê-la como uma aventura no amor, pois disseste: "Só o amor, sob qualquer forma, leva à união com Deus".

Oração a Santa Edwiges - I
(A Santa dos endividados).

Ó Santa Edwiges, Vós que na Terra fostes o amparo dos pobres, a ajuda dos desvalidos e socorro dos endividados, e no Céu agora desfrutais do eterno prêmio da caridade que em vida praticastes, suplicante Te peço que sejais minha advogada, para que eu obtenha de Deus o auxílio de que urgentemente necessito... (faça o pedido). *Alcançai-me também suprema graça da salvação eterna. Santa Edwiges, rogai por nós. Amém.*

Oração a Santa Edwiges - II
(Para os endividados).

Ó Santa Edwiges, peço-vos ajuda para livrar-me das dívidas que me sufocam. Por imprudência, descuido ou má sorte, fui envolvido nessa situação, que Vós tendes o poder de recuperar. Sem lesar ninguém, assim que tiver tudo resolvido, doarei em Vosso nome a um asilo de idosos quantia equivalente a dez por cento do que tenho por devido.

Ó Deus, que ensinastes à Santa Edwiges a passar da glória do mundo para o humilde caminho de Vossa cruz, fazei que, a seu exemplo e por merecimento, possa eu abandonar aos pés as delícias da Terra e triunfar sobre as adversidades. Amém.

Novena das Rosas

Santíssima Trindade, Pai, Filho e Espírito Santo, Vos agradeço todos os favores, todas as graças com que enriquecestes a alma de Vossa serva Santa Teresinha do Menino Jesus, durante os 24 anos que passou na terra. Pelos méritos de tão querida santinha, concedei a graça que ardentemente Vos peço (pedir a graça...), *se for conforme a Vossa Santíssima Vontade e para a salvação de minha alma.*

Ajudai minha fé e minha esperança, ó Santa Teresinha, cumprindo mais uma vez vossa promessa de que ninguém vos invocaria em vão, fazendo-me ganhar uma rosa, sinal de que alcançarei a graça pedida.

Glória ao Pai... (24 vezes)

Santa Teresinha do Menino Jesus, rogai por nós!

Reze 1 Ave-Maria e 1 Pai Nosso.

Esta novena pode ser começada em qualquer dia do mês; há grande número de amigos de Santa Teresinha que fazem a novena de 9 a 17 de cada mês.

Oração a Virgem Maria[55]

Ó Virgem Maria, mãe
de Jesus e minha mãe,
que a cada dia que eu
beijar o Teu pezinho
eu possa purificar
meus pecados, perdoar
meus inimigos, aceitar
meus amigos com seus
defeitos e qualidades.
Ó Virgem Maria, mãe
de Jesus e minha mãe,
beijo o Teu pezinho e
Te peço saúde para
todos. Beijo o Teu
pezinho e Te agradeço
pela minha família.
Beijo o Teu pezinho e
tenho paz no meu coração.

Assim Seja... Amém.

55- do livro: **Maria Quem é Essa Mulher Vestida de Sol?** Biba Arruda, Editora Gente, 1998.

Ave Maria[56]

Ave Maria cheia de graça, o Senhor é convosco.
Bendita sois vós entre todos os seres,
Bendito é o fruto da Vossa essência, Jesus.
Bem-Amada doce Santa Maria, mãe de todos nós:
eu entrego meu coração e rendo devoção à Vós,
que possais libertar meus limites e sofrimento e revelar-me o que eu devo fazer para curar minhas ilusões e sempre manter o conceito imaculado para os outros, Bem-amada Mãe Maria, mãe de todos nós e do Cristo Cósmico.

Ave Maria[57]

Ave Maria cheia de graça
o Senhor é convosco
Bendita sois Vós entre as mulheres
e Bendito é o fruto do Vosso ventre Jesus.
Santa Maria, mãe de Deus
rogai por nós filhos e filhas de Deus
agora e na hora da nossa vitória
sobre o pecado, a doença e a morte.

56- extraída de: **Meditando e Orando com a Hieraquia da Grande Fraternidade Branca Universal e Orientações de Carmen Bathestero**, Pax Universal, 2002

57- **Chaves para Seu Progresso Espiritual: Carma, Reencarnação e o Caminho Espiritual: como contatar os anjos, os arcanjos e os senhores dos sete raios: como consumir/limpar o carma negativa pelo uso da chama violeta**/ notas compiladas por Isabel Lopes, a partir dos ensinamentos transmitidos por Elizabeth Clare Prophet- Summit Ligthouse do Brasil, 1999.

Orações Específicas

(Para cada Momento ou Situação).

Oração para Bênção de uma Casa - I

Nós rogamos a Tua clemência Senhor,
que nos visites e nos abençoes
como visitastes e abençoastes Teus discípulos.

Pedimos que estendas a Tua mão direita
até tudo o que temos que fazer
e que pela invocação de Teu nome Santo,
fujam daqui todos os maus espíritos.
Abandonem este lugar e aqui jamais voltem,
todos os aliados do mal visíveis e invisíveis.

Pedimos a Vossa ajuda, Senhor,
para que os bons Anjos aqui habitem
e guardem a todos os seus moradores.
Assim seja.
Amém.

Oração para Bênção de uma Casa - II

A Ti, Deus-Pai Onipotente,
pedimos que abençoes esta morada.
Santifiques este lar, como santificaste
o lar do Patriarca Abraão e do Patriarca Jacó.
Faça habitar entre estas paredes
Teus Santos Anjos

e que eles a guardem bem,
sempre defendam seus moradores,
e afastem os maus espíritos e seus aliados.

Que esta casa, meu Senhor,
esteja cheia de abundância,
virtude e prosperidade.
Amém.

Oração Para Bênção de Uma Casa Comercial[58]

Esta casa é um centro de expressão poderosa para o amor, a vida e o suprimento do pai se manifestarem a seus filhos.

O amor do Pai Celeste se manifesta com abundância ao seu proprietário, estabelecendo perfeita harmonia entre os que aqui trabalham e satisfazendo a todos os que procuram. Os que aqui penetrarem sentir-se-ão felizes e elevados pela Divina Presença, que encherá sua atmosfera de um perfume inebriante de paz, amor e felicidade.

Mil graças Vos dou, meu Pai Celeste, pela manifestação de Vossa Divina Presença neste centro de atividade.

Oração para Proteção da Casa

Envolvo esta casa num círculo de proteção divina. As mãos de Deus a circundam e nenhum mal poderá penetrá-la.

Peço ao Pai-Criador que derrame a Sua Luz protetora sobre toda esta casa e sei que assim é.

Nenhum mal poderá entrar, porque nada nem ninguém pode contra Deus, que habita a minha casa e a protege. Assim é agora e sempre.

Amém.

58- extraída do livro: **Ritual de Magia Divina – Os Salmos de Davi e Suas Virtudes**, Editora Pensamento, 1992.

Oração Para Cortar Maldições e Magias

Em nome de Jesus, eu repreendo, quebro e desligo a mim e meus filhos de toda e qualquer maldição, feitiço, vexame, sedução, magia negra, azares, poderes psíquicos, fascínio, bruxaria ou feitiçaria que tenha sido colocado sobre mim e sobre minha linha de família, por qualquer pessoa ou por qualquer fonte de ocultismo ou fonte psíquica e ordeno a todos os espíritos relacionados a eles que nos deixem agora. Obrigado Senhor por nos teres libertado. Amém.

Oração da Família

Ó Deus que criastes a natureza humana, instituístes e abençoastes a primeira família, abençoai agora esta nossa família: pai, mãe, filhos, irmãos...

Não tomeis em conta as nossas imperfeições, as nossas ignorâncias, as nossas richas e incompreensões.

Tentaremos corrigir-nos e melhorar. Ajudai-nos a cumprir este nosso propósito. Senhor, acompanhai-nos na luta diária, em casa, no trabalho e no estudo. Ficai conosco nas horas de descanso e de lazer. Abençoai a nossa mesa e não permitais que falte o necessário para a alimentação e o vestuário.

Dai-nos saúde, Senhor. Senhor, que nunca esmoreça a nossa fé. Abençoai a nossa família. Abençoai também todas as famílias do mundo. Amém.

Oração de Agradecimento por ter sido escolhida para Gerar um Filho

Senhor, meu Deus,
Vossa sabedoria é infinita;
Vossos propósitos, sempre corretos;
Vossos desejos, sublimes.
Agradeço-Vos de coração por permitirdes que eu
seja abençoada com este filho que carrego comigo.
Tornai-me mais consciente da importância da minha tarefa.

Todos os dias louvarei a Vossa decisão,
que honrarei através de atos dignos da confiança com que Vós me distinguistes.
Obrigada, Senhor, meu Deus!

Oração Para Um Filho que não se Encaminha

Senhor,
Vosso(a) filho(a)... (diga o nome do(a) filho(a)),
está com dificuldades para se encaminhar.
Ele(a) não amadurece, reluta em tornar-se adulto(a).
Como zelador(a) dessa alma na Terra, eu me preocupo.
Permiti que lhe fique claro o caminho à frente,
abrindo sua mente.
É hora do pássaro deixar o ninho,
do leãozinho buscar sua companheira,
do caçador trazer sua presa.
Amparai-o, meu Deus,
com a Vossa ajuda ele saberá o que fazer!

Oração para Honrar os Ancestrais

Já tive outras vidas com outros corpos,
já participei de outros grupos familiares,
mas meus ancestrais físicos deram origem
à pessoa que hoje sou.
Desejo neste momento reverenciá-los
pela importância que para mim eles possuem.
Obrigado(a) pela vida.

Seres ancestrais, meus formadores,
com respeito os reverencio.
Peço a Deus que estejam no seio do Senhor,
amparados e iluminados para sempre.
Também peço humildemente sua guarda e proteção
durante os dias de minha vida.
Obrigado(a).

Oração Meditativa de Gratidão[59]

Obrigado, Senhor!
Obrigado, Senhor, pelos meus braços perfeitos,
quando há tantos mutilados;
pelos meus olhos perfeitos, quando há tantos sem luz;
pela minha voz que canta, quando tantas emudecem;
pelas minhas mãos que trabalham,
quando tantas mendigam.
É maravilhoso, Senhor, ter um lar para voltar,
quando tantos não têm para onde ir;
sorrir, quando há tantos que choram;
amar, quando há tantos que odeiam;
sonhar, quando há tantos que se revoltam em pesadelos;
viver, quando há tantos que morrem antes de nascer;
sobretudo, Senhor, ter pouco a pedir, e tanto a agradecer!

Oração de Natal

Ó Deus, que vos fizeste criança para que, na vossa fragilidade, melhor vos amássemos e mais facilmente pudéssemos adorar a vossa onipotência, abençoai esta família reunida, em espírito de humildade e alegria, ao redor da mesa festiva desta ceia natalícia, e fazei descer sobre o mundo inteiro a Luz daquela "PAZ" que nesta noite sacratíssima, os anjos prometeram aos homens de boa vontade. Amém.

Oração para Adquirir Serenidade

Deus, dai-me a serenidade para aceitar as coisas que eu não posso mudar, coragem para mudar as coisas que eu possa, e sabedoria para que eu saiba a diferença; vivendo um dia de cada vez, aproveitando um momento de cada vez; aceitando as dificuldades como um caminho para a paz; indagando, como fez Jesus, a este mundo pecador, não como eu tenho feito; aceitando

59- extraída de: www.imhotepkwanyin.no.sapo.pt

que o Senhor tornaria tudo correto se eu me submetesse à Sua vontade para que eu seja razoavelmente feliz nesta vida e extremamente feliz com o Senhor para sempre no futuro. Amém.

Oração do Estudante

Virgem Santíssima, vós que sois a sede da sabedoria, ajudai-me nos meus estudos; abri a minha inteligência para que eu possa compreender e guardar na memória os ensinamentos dos professores. Conservai a minha calma na hora do exame; fazei-me recordar a resposta certa e guiai minha mão para que eu escreva o que devo escrever.

Nossa Senhora, não permitais que eu aprenda ou pratique coisas erradas ou repreensíveis, seja em aula ou fora dela, com maus companheiros, maus livros ou más revistas. Virgem Santíssima, sede da sabedoria, rogai por nós. Amém.

Oração Para Tirar Boas Notas na Escola

Pai Celestial, Tu me criaste à Tua imagem e semelhança, portanto, com inteligência sem limites e memória inesgotável. Ensina-me a usar corretamente minha inteligência e memória, a fim de aprender tudo o que estudo, gravar fundo na mente e lembrar sempre que preciso.

Sei que tenho a capacidade dos alunos mais inteligentes e dos gênios, por isso estudo com calma, cheio de autoconfiança e com a certeza de que, daqui para frente, tirarei sempre notas ótimas e serei muito bem-sucedido nos estudos e nos exames.

Assim é agora e sempre.

Oração para Passar no Vestibular

Reconheço que minha inteligência e memória são perfeitas e professo a verdade de que tudo o que vi, ouvi, li e aprendi, desde a gestação até o dia de hoje, está gravado na minha mente e posso lembrar sempre que o quiser.

Reconheço, também, que a minha mente está ligada na mente de todos os professores de cada matéria escolar e na mente de todos os vestibulandos, por isso desejo que a luz dos conhecimentos cósmicos se manifestem em mim neste vestibular.

Sei que tudo o que eu pedir, com fé, alcançarei, como ensinou o Mestre Jesus; portanto, ligo-me no Poder Infinito, que há de me alcançar o sucesso total neste vestibular, que será o caminho da minha realização na vida e da minha participação na obra maravilhosa de tornar o mundo cada vez melhor.

Obrigado, desde já, Pai Celestial.

Sei que assim é e assim será. Amém.

Oração Para Encontrar a Verdadeira Profissão

Meu Cristo Interior, ilumine os meus caminhos e me dirige para o meu bem e minha prosperidade.

Não posso errar, nem desviar-me, pois sou guiado pela mão onipotente, que deseja só minha felicidade e meu bem-estar.

Os raios da divina Luz iluminam minha inteligência, fazendo que eu encontre meu perfeito lugar no plano das manifestações do Pai.

Estou no lugar que o Pai destinou para meu bem-estar, minha prosperidade e minha felicidade.

Encontrei o Reino de meu Pai Celeste e vivo para a perfeita abundância de tudo o que Ele destinou para mim.

Oração Para Bênção de Um Ato Qualquer[60]

O Pai que está em mim dirige-me neste... (designar o ato) *que vou fazer para que eu possa ser todo proveitoso e feliz.*

O Poder de Deus se manifesta através de minha inteligência e o meu corpo para a realização perfeita deste... (designar o ato).

O amor, a onisciência e a onipotência de Deus guiam-me para fazer só aquilo que é reto e proveitoso, e afastam-me de tudo

60- extraída do livro: **Ritual de Magia Divina – Os Salmos de Davi e Suas Virtudes**, Editora Pensamento, 1992.

quanto me possa ser prejudicial.

Todos os meus atos são conformes com a vontade do Pai que está em mim e exprimem a Infinita Sabedoria que habita no meu coração.

Oração Para Resolver Uma Posição Difícil

Meu negócio é de Deus e, portanto, sou sustentado pela Sua poderosa mão, que me guia para a perfeita prosperidade.

Sejam quais forem os obstáculos, não os temerei, porque a mão do Senhor me sustenta e me prepara para um admirável futuro.

Todas as responsabilidades entrego a Deus, pois vivo n'Ele e Ele é Quem vive e se manifesta em mim.

Meu coração é o coração de Deus, minha mente é a mente de Deus, meus negócios são negócios de Deus e é Ele Quem cuida e resolve todas as dificuldades.

Para o Supremo Poder que em mim habita não há nada difícil.

Oração do Viajante

Que o Senhor Todo-Poderoso e Misericordioso
me guie e me conceda uma viagem de paz e sorte;
que o Arcanjo Rafael me acompanhe em meu
caminho para que eu volte para casa com paz e alegria.

Do alto, Senhor, enviai-me Vosso auxílio
e defendei-me aqui embaixo.
Seja para mim uma Torre Inexpugnável
e que nenhum inimigo possa avançar contra mim.
Mostrai-me Vossos caminhos
e ensinai-me Vossos sendeiros, meu Deus!
Deus meu, recomendai-me a Vossos Anjos
para que me conservem em todos os lugares.
Transformai esta viagem
em algo propício e confortável.

Senhor Todo-Poderoso,
eu...(diz o seu nome).
Vos peço proteção e amparo.
Que eu vá em paz, em Vosso sagrado nome.
Amém.

Oração do Viajante

Que tua vontade possa, ó Senhor, guiar-me em paz para que eu chegue ao meu destino em segurança. Protege-me do perigo durante minha viagem. Ilumina os que direcionam o nosso caminho pelos céus, terra e mar. Que possamos achar favor diante de Ti. Bendito és Tu, Senhor, que atendes meu coração. Amém!

Oração Para se Libertar do Medo

Senhor Jesus, no poder do Teu nome poderosíssimo, ponho um fim agora, a todas formas de medo em minha árvore genealógica. Tomo autoridade sobre todo medo de rejeição e de fracasso. Senhor Jesus, na autoridade do Teu nome, digo não a todo medo de água, altura, buracos, sucesso, fracasso, homens, mulheres, multidões, de ficar sozinho, da morte, de deixar a casa, de espaços fechados ou abertos, falar em público, falar a verdade, de voar, a todo medo do sofrimento e de... (citar o medo específico).

Senhor, que minha família conheça, em todas as gerações, que não há medo no amor. Que Vosso perfeito amor encha de tal modo a história de minha família, que toda lembrança de medo deixe de existir. Eu Vos louvo e agradeço na certeza de ser atendido. Amém!

Oração Para Quem Tem Medo de Dirigir Carro

Invoco a Presença Divina para guiar-me, neste carro, segurar nas minhas mãos e pés, a fim de que possa ir e vir com segurança, com tranqüilidade e com certeza de que dirigirei perfeitamente.

Senhor, afasta os obstáculos do meu caminho e protege-me de todo mal.

Sinto-me calmo e dirijo com confiança e total segurança.

Assim é e assim será. Amém.

Oração do Motorista

Dai-me, Senhor, firmeza e vigilância no volante, para que eu chegue ao destino sem acidentes. Protegei a todos os que viajam comigo. Ajudai-me a respeitar o trânsito e as suas leis e a dirigir com prudência. E que eu descubra a Vossa presença em todas as pessoas e em toda a natureza que me rodeia.

Amém.

Oração à São Miguel e aos Anjos Pedindo Proteção Contra Doenças, Desastres e Inimigos

Santos Anjos do Senhor, que estais
eternamente cantando as glórias do Altíssimo.
São Miguel Arcanjo, guardião do Bem e da Luz!
São Rafael, Arcanjo da Divina Cura!
São Gabriel, Príncipe dos Anjos, Arcanjo da Anunciação!
Eu vos amo e vos invoco
vinde, vinde e vinde.
Envolvei-me em vossas bênçãos
sêde a minha Luz, minha proteção, minha
força e minha determinação.
Protegei-me de todos os males, de todas
as adversidades e de todos os inimigos.
Afastai de mim, do meu lar, da minha
família e do meu trabalho os espíritos do mal,
os invejosos, os hipócritas, os malfeitores e os interesseiros.
São Miguel Arcanjo e todos os Santos Anjos,
de Serafins, a Querubins e aos Anjos

acorrei ao meu chamado!
Atendei a minha súplica!
afastai de mim, do meu lar e da minha família,
os espíritos enviados pelas trevas,
os espíritos tentadores e malignos
que possam tentar nos iludir e nos
desviar do caminho do Bem.
Amém.

Oração de Proteção Contra Assaltos

Neste momento traço para mim um caminho de Luz, no qual transito sob a proteção de Deus Pai. Senhor, não permitais que na minha trilha entrem os mal-intencionados, que desejem fazer de mim uma vítima. Se por ventura um espírito sem Luz cruzar meu caminho, que seja para receber de mim um pouco de consolo e Luz, mas que nada de mal traga para minha pessoa, nem deseje arrebatar-me meus poucos pertences. E se algum, ainda assim, desejar o que possuo, afastai dele tais idéias, confundindo sua mente ao chegar ao meu redor.

Oração Para Encontrar Um Objeto Perdido

Aquilo que se extraviou,
bem perto de mim está.
Por obra do destino,
em breve, atraído a mim será.
Retorna às minhas mãos o que é meu,
devolvo a Deus o louvor
pela graça recebida!

ORAÇÃO A DEUS[61]

(Fazer antes de deitar-se).

Querido Deus,

Dê-me força interior para mudar a todo momento e me transformar quando necessário, de forma que eu possa ser uma poderosa força de amor neste planeta.

Obrigado pelos anjos que estão sempre comigo.

Por favor, guie-me através de minhas experiências para que eu saiba como elevar minha vibração, para estar em maior sintonia com os anjos.

Por favor, ajude-me a não julgar ou "tirar conclusões precipitadas", quando na vida eu vir coisas que não compreendo, incluindo a minha própria dor.

Obrigado pela paz que está sempre disponível no meu coração. Obrigado pela consciência de que, com os anjos, os milagres acontecem diariamente, pois com você, Senhor, tudo é possível.

ORAÇÃO DA MANHÃ

(São Francisco de Assis).

Senhor, no silêncio deste dia que amanhece, venho pedir-Te a paz, a sabedoria e a força.

Quero olhar, hoje, o mundo com olhos cheios de amor, quero ser paciente, compreensivo e prudente, quero ver além das aparências Teus filhos, como Tu os vês, não ver senão o bem em cada um.

Cerra meus ouvidos a toda calúnia, guarda minha língua de toda maldade, que só de benção se encha meu espírito e que eu seja tão bondoso e alegre que todos quantos se aconcheguem a mim sintam a Tua presença.

Reveste-me de Tua beleza Senhor, e que, no decurso deste dia, eu Te revele a todos.

61- Extraída do livro: **A Alquimia da Oração – Desperte a Sua Vida Interior**, Terry Lynn Taylor, Editora Pensamento, 1998.

Oração da Manhã[62]

Em nome do Pai, do Filho, do Espírito Santo, e da Mãe Divina:

Eu invoco aqui e agora, a Presença de Deus, a Presença do meu Santo Cristo Pessoal, e o Arcanjo Miguel, com seus Anjos e Arcanjos para que protejam a mim, a... (diga o(s) nome(s) da(s) pessoa(s) que quer proteger), *a(s) nossa(s) casa(s), nosso(s) carro(s), nossos quatro corpos inferiores, nossos chackras, nossas mentes conscientes, subconscientes e inconscientes, as nossas palavras e atos.*

Invocamos o manto da invisibilidade para que seja colocado sobre nós, nos fazendo invisíveis ao mal, encarnados ou não.

Invocamos do nosso Santo Cristo Pessoal, Direção, Criatividade, Sabedoria, Oportunidade e Suprimento Divino, para podermos Vencer/Superar todas as necessidades, todos os problemas, todos os inimigos e todas as barreiras.

Invocamos também a Chama Violeta para que consuma, consuma, consuma com todo o carma negativo existente nas nossas vidas, consuma, consuma, consuma com toda a substância lunar atuando sobre nós.

Amém. Amém. Amém.

Encontro com as Pessoas Certas[63]

Senhor Deus Pai e Criador do imenso e infinito universo cósmico,
Senhor dos Infinitos Mundos e do Microcosmos,
Senhor dos Mundos Visíveis e Invisíveis,
Senhor dos Mistérios, mas Senhor da obra perfeita e plena,
Neste momento minha mente em Tua mente, consciente

62- extraída de www. chamavioleta. com. br
63 - extraída de www.fogosagrado.com.br

de que sou parte da Tua obra como um componente cósmico.

Consciente, também, de que a Obra é a infinita expressão da evolução e da perfeição eu afirmo:

Que as pessoas certas para as horas certas que têm compromissos com Tua obra junto comigo, se cheguem e sintam a mesma identidade.

As pessoas que têm compromissos temporários cumpram só e só a parte que lhes cabe.

Aqueles que porventura não tenham este compromisso sejam redirecionados para a obra com a qual têm compromissos existenciais.

Que as pessoas certas estejam nos lugares certos e nas horas certas, nem mais nem menos.

Oração Pela Cura[64]

Ó Deus, que criastes tudo perfeito,
Ó Pai onipotente e onisciente,
que criastes todos os seres viventes,
que criastes todas as coisas existentes
e que vistes que tudo estava muito bom,
curai o(a) fulano(a) (diga o nome da pessoa).
Mostrai que a doença não existe
originariamente no mundo criado por Vós.
Retirai da mente dele(a)
a ilusão que vê a doença como existente.
A força curativa de Deus penetra em mim
e cura-te instantaneamente.
Não sou eu quem te cura.
é Deus do meu interior que te cura.
Serás infalivelmente curado(a),
pois é Deus quem te cura.
Eu sou apenas o intermediário.
Sou apenas a emissora radiofônica

64- Extraído de **Meditações para Contemplar a Deus – Shinsokan e outras Orações**, Masaharu Taniguchi, Seicho-No-Ie do Brasil, 2001.

de cura e amor de Deus.
Deus entrou agora nesta emissora e está
transmitindo as ondas espirituais de cura.
Os que se aproximam desta atmosfera
serão todos curados.
Não existe doença alguma que
não possa ser curada pelo
Amor e Força Curativa de Deus.
A doença não existe no mundo
da criação de Deus.
O que não existe não existe!
Só tem de desaparecer!
Não sou eu quem o afirma.
É o Deus do meu interior que assim afirma.
O homem é a Vida de Deus.
Por isso, é impossível adoecer!
Neste momento,
O Amor de Deus penetra em mim
e brilha resplandecentemente
a luz espiritual que ilumina toda a humanidade.
Recebendo esta luz, serão todos curados.

Fulano(a), estás agora envolto(a)
na luz espiritual do Amor de Deus,
estás absorvido(a) no Amor de Deus,
apagou-se toda tua ilusão,
desapareceu todo teu sofrimento,
acabou a desarmonia do lar
e dissolveu-se todo conflito entre as pessoas.
Eu vejo agora o mundo de amor do reino de Deus
realizado perfeitamente em tua volta.
Já não existe mais nem doença nem aflições.

Oração Gnóstica da Cura[65]

"Tu, Logos Solar, emanação ígnea, Cristo em substância e Consciência vida potente pela qual tudo avança, vem até mim, e penetra-me, ilumina-me, banha-me, transpassa-me, e desperta em meu Ser todas essas substâncias que tanto são parte de ti quanto de mim mesmo.

Força universal e cósmica, energia misteriosa, eu te conjuro, vem a mim, remedia minha aflição, cura-me de todo mal e afasta este sofrimento de para que eu tenha Harmonia, Paz e Saúde.

Peço, por teu Sagrado nome, que os Mistérios e a Igreja Gnóstica me ensinaram, para que faças vibrar comigo todos os mistérios deste plano e de planos superiores que essas forças reunidas consigam o milagre da minha cura.

Que assim seja.

Oração Para a Cura Física e Espiritual

Tu és o Médico divino. Tu dás a Vida e a Vida em plenitude àqueles que Te buscam. Por isso, hoje, Senhor, de um modo especial, quero pedir a cura de todo tipo de doença, principalmente daquela que me aflige neste momento.

Eu sei que não queres o mal, não queres a doença que é a ausência de saúde, porque és Sumo Bem. Opera em mim, uma profunda cura espiritual e, se for da Tua vontade, também uma cura física. Que seja operada diretamente pela ação poderosa de Teu Espírito Santo ou através do médico e dos remédios. Aumenta a minha fé no Teu poder, Senhor, e no infinito amor que tens por mim. Aumenta minha fé, Senhor, que às vezes se encontra enfraquecida. Eu acredito no Teu poder curador, meu Deus, e já agradeço humildemente por toda obra que estás realizando em meu coração e em meu corpo, neste momento.

Além de mim, Senhor, quero também apresentar, todos os doentes que me pediram orações. Tu conheces a cada um deles, sabes as provações pelas quais estão passando. Tem misericórdia,

65- Extraído de tratado de **Medicina Oculta e Magia Prática**, Samael Aun Weor.

Senhor, vem em socorro também destas pessoas que padecem enfermidades. Senhor, eu te bendigo, porque clamei por Ti e Tu me ouviste. Minha alma, por Tuas mãos benditas, foi tirada da escuridão. Ó fiéis do Senhor, cantai a sua glória, dai graças ao Seu santo nome, porque só Ele é poderoso e digno de eterno louvor. Aleluia!

Oração Para Cuidar de Qualquer Tipo de Moléstia

Tenho a mais pura e a mais afetuosa consciência do amor de Deus para com todos, pois o amor de Cristo abrasa o meu coração. Esse amor purifica todos os meus pensamentos e sentimentos, irradiando-se para todo o mundo e dissolvendo todos os sentimentos de ódio, raiva, desconfiança e temor. Meu coração e minha mente estão concentrados em Deus, Seu Divino Espírito penetra todos os átomos de meu ser; todas as funções de meu corpo estão perfeitamente regularizadas.

Oração Para Pedir a Bênção da Saúde

A minha proteção está nas mãos de Deus Pai, que fez o Céu e Terra.

Senhor Jesus Cristo, ouvi minha oração.

Divino Espírito Santo, iluminai-me.

Virgem Santíssima, abençoai-me.

Ó Deus Pai! Olhai para mim, Vosso servo, sujeito a enfermidades e oprimido por muitos outros problemas e dificuldades. Reconfortai meu corpo e minha alma a fim de que, purificado pelo sofrimento, me sinta fortalecido e encorajado por Vossa bondade.

Ó Deus Filho! Fazei entrar em minha alma a Vossa paz e a Vossa misericórdia. Afastai de mim toda a maldade dos demônios e venham para me proteger os anjos, portadores de paz.

Manifestai em mim, Senhor Jesus, o poder de Vosso santo nome e abençoai-me, Vós que sois santo, bom e compassivo.

Ó Deus Espírito Santo! Sêde-me propício e conservai-Vos

a meu lado, para que, recobrando eu...(diga o seu nome) *a saúde do corpo e da alma, possa render-Vos graças com a alma transbordante de paz e alegria.*

Pelo Sinal e Poder da Santa Cruz, pela intercessão da Virgem Maria, o Senhor me abençoe e proteja, olhe para o meu sofrimento e tenha pena de mim.

Pelo sinal e Poder da Santa Cruz, Jesus, que aliviou os sofrimentos, curou as doenças, libertou os possessos do demônio, afaste de mim todos os males e enfermidades.

Pelo Sinal e Poder da Santa Cruz, abençoe-me Jesus Cristo, com a Virgem Maria. Amém.

Senhor Jesus Cristo esteja a meu lado para me sustentar.
Dentro de mim para me encorajar;
diante de mim para me orientar,
atrás de mim para me proteger;
acima de mim para me abençoar.
Ele que vive e reina pelos séculos dos séculos. Amém.

Que a bênção da saúde desça sobre mim, em nome do Pai, do Filho e do Espírito Santo. Amém.

Oração Para Eliminar o Desassossego

Sou uno com o divino amor e harmonia. A paz enche meu coração e vivo na alegria permanente de meu Pai.

Nada me pode desviar de meu centro em Deus, nem perturbar minha paz.

Espero tranqüilamente, na consciência de meu Cristo, que meu Pai me fará cada vez mais perfeito.

Vivo, movo-me e tenho minha existência na substância espiritual, em que só há o bem e o amor.

Sou defendido e protegido por Deus e a Sua Divina Presença me enche de calma, tranqüilidade e confiança.

Oração Para Afastar o Vício das Drogas

Nas ruas estão os traficantes do vício,
nas praças transitam os vendedores
da ilusão que destrói a alma.
Trabalhai, meu Deus, para tirar essas almas perdidas
do caminho de... (diga o nome da pessoa viciada).
Protegei Vosso(a) filho(a) com
uma vontade sincera de deixar o vício.
Guardai-o, criando nele(a)
uma aversão interna à dependência.
Amparai seus esforços,
motivando-o(a) a cada dia.
Mostrai-lhe caminhos alternativos para crescer,
fazei nascer para ele(a) um projeto de vida.
Só Vós tendes esse poder!
Só Vós tendes a força!
Só Vós tendes a Luz!
Glória ao meu Pai, que não abandona o perseguido(a)!

Oração Para Superar a Fraqueza e Moleza do Corpo

Meu corpo é templo do Altíssimo, por isso é forte como coluna de concreto, bem armado como as grandes catedrais, bonito e atraente como os templos mais grandiosos!

A energia infinita jorra em mim impetuosamente e eu me sinto em plena forma. Uma vitalidade incrível me domina e sinto vontade de trabalhar, seguir em frente nos meus empreendimentos, realizar a minha missão, e semear a boa semente que me dará frutos maravilhosos.

Como me sinto forte e saudável! Meu corpo é energia vigorosa. Sinto uma elasticidade dinâmica dentro de mim, que me impulsiona para frente.

Estou reanimado, revitalizado e cheio de saúde, pelo Poder Divino que está se manifestando em mim agora. Amém.

Oração Para Libertar-se da Dor de Cabeça

Envolvo minha cabeça numa névoa de luz azul calmante e anestésica.

A calma, a paz e a justa ordem se estabelecem agora na minha mente e, principalmente, em todo o meu corpo. Minha cabeça está aliviada, os nervos estão descansando, os vasos sangüíneos funcionam tranqüilamente; e eu sinto aliviado, aliviado, aliviado, completamente aliviado.

Jesus, que prometeu aliviar-me da opressão, da dor e da sobrecarga, agora está me libertando, me aliviando mais e mais, e eu já sinto um profundo bem-estar. Assim é e assim será. Amém.

Oração Para Eliminar a Depressão

Amado Senhor, às vezes sinto-me tão deprimido que não consigo nem rezar. Por favor, liberta-me deste cativeiro. Eu Te agradeço, Senhor, pelo Teu poder libertador e, poderoso nome de Jesus, expulso de mim o maligno: espírito de depressão, de ódio, de medo, de auto-piedade, de opressão, de culpa, de falta de perdão e qualquer outra força negativa que tenha investido contra mim. E os amarro e expulso em nome de Jesus.

Senhor, arrebenta todas as cadeias que me prendem. Jesus, peço-Te que voltes comigo ao momento em que esta depressão me atacou e me libertes das raízes deste mal. Cure todas as minhas lembranças dolorosas. Enche-me com Teu amor, a Tua paz, a Tua alegria. Peço-Te que restaures em mim a alegria da minha salvação.

Senhor Jesus, permite que alegria jorre como um rio das profundezas do meu ser. Eu Te amo, Jesus, eu Te louvo. Traze ao meu pensamento todas as coisas pelas quais posso agradecer-Te. Senhor, ajuda-me a alcançar-Te e a tocar-Te; a manter meus olhos postos em Ti e não nos problemas. Eu Te agradeço, Senhor, por me guiares até a saída do vale. Em nome de Jesus que suplico. Amém.

Oração Para Quem Perdeu Emprego

Meu Pai Celestial, eu me ligo em Ti, confio em Ti e entrego a Ti a solução dos meus problemas.

Com Tu és a Sabedoria Infinita e o Poder Infinito, tenho certeza que não perdi o emprego, mas, simplesmente, estou sendo conduzido ao meu lugar certo neste mundo, onde posso me realizar plenamente e contribuir muito mais do que até agora, para tornar este mundo melhor do que está.

Obrigado, meu Deus, porque estás me conduzindo a um emprego melhor, a um trabalho onde exercerei mais plenamente meus dons; onde dedicarei, com mais proveito, minhas energias. Por isso, não perdi o emprego; estou, isto sim, ganhando o melhor emprego e o trabalho mais frutuoso da minha vida.

Obrigado, Pai Celestial!

Podes abrir-me a porta desse emprego que, com certeza, tudo farei por merecê-lo e por valorizá-lo.

Esqueço o passado.

Começo uma nova vida daqui para frente, guiado divinamente por Ti, meu Pai sábio e bondoso!

Creio, desde já, que estou sendo conduzido para o meu novo emprego e o recebo com muita alegria e entusiasmo, prometendo desempenhá-lo com a capacidade que esperas de mim. Amém.

Oração Para Conseguir Um Emprego

(Reze várias por dia e, principalmente antes de sair para procurar um emprego: Jesus Misericordioso, abre-me uma porta e concede-me esta graça).

Jesus, abre-me uma porta!

Senhor, atenda este clamor que brota do mais íntimo do meu coração: abre-me uma porta.

Só Tu sabes e conheces, Jesus, o momento de dificuldade pelo qual eu...(diga o seu nome) *e toda a minha família estamos passando por causa do desemprego.*

Tu sabes também, Senhor, com quanta esperança eu me aproximo de Ti para pedir que vá á minha frente, abrindo uma porta e preparando um emprego, para que eu possa, através de um trabalho digno, dar á minha família "o pão de cada dia".

Por que Tu és, ó meu Deus, minha esperança! Peço ainda que me concedas todo ânimo, confiança, destemor e fortaleza para sair de minha casa em busca desse trabalho. Certeza de que Tuas mãos, estendidas em meu favor, baterão nas portas antes de mim, preparando a minha entrada num emprego segundo a Tua vontade.

Confiando inteiramente na Tua palavra que diz: "Batei e abrir-se-á (...), ao que bater se lhe abrirá", já agradeço, de todo o meu coração, porque acredito que "a Deus nenhuma coisa é impossível".

Oração Para Fazer Boas Vendas

Hoje, Senhor, fazei com que eu seja
um elemento de atração para os compradores.
A mim virão muitos clientes
e com todos farei negócio.
Hoje é meu dia,
amanhã estarei festejando o sucesso.
Obrigado, meu Deus!

Oração Para Produzir Mais

Meu Deus, sei que posso fazer mais do que tenho realizado. Talvez me falte organização, quem sabe um pouco mais de conhecimento. Contudo, meu Deus, eu posso mais, e quero fazer mais! Ajuda-me com Tua orientação sábia, com Teu impulso favorável e logo estarei comemorando mais vitórias!

Oração Para Antes do Trabalho

Abençoai, Pai Celeste, o trabalho que estou para iniciar; que o Vosso Espírito Santo me ilumine, inspire e oriente e a Vossa graça me ajude a tudo realizar em espírito de amor e serviço, para honra e glória do Vosso nome e pelo bem dos meus irmãos. Maria, Mãe de Jesus e minha Mãe, intercedei por mim. Amém.

Oração Para Prosperar Nos Negócios

As aparências nada são para mim, pois as riquezas de Deus são minhas.

Sou herdeiro do Reino de Deus, no qual não há faltas, nem necessidades, mas existe abundância de tudo.

Possuo as riquezas de meu Cristo e manifesto-as na minha vida e em todos os meus negócios.

O poder de meu Cristo Interno torna-me um imã para atrair abundante prosperidade na minha vida.

A Divina Presença manifesta-se em todos os meus negócios e relações com os outros, fazendo que tudo reverta em benefícios comuns.

Todas as coisas em que ponho as mãos prosperam, porque a Luz de meu Pai lhes dá progresso e crescimento. Amém.

Oração Numa Situação Difícil

Meu negócio é de Deus e, portanto, sou sustentado pela Sua poderosa mão, que me guia para a perfeita prosperidade.

Sejam quais forem os obstáculos, não temerei, porque a mão do Senhor me sustenta e me prepara para um admirável futuro.

Todas as responsabilidades entrego a Deus, pois vivo n'Ele e Ele é quem vive e se manifesta em mim.

Meu coração é o coração de Deus, minha mente é a mente de Deus, meus negócios são negócios de Deus e é Ele quem cuida e resolve todas as dificuldades.

Para o Supremo Poder que em mim habita não há nada difícil.

Consagração da Nossa Família aos Sagrados Corações de Jesus e Maria[66]

Ó Santissíssimos Corações de Jesus e Maria, unidos em perfeito amor. Vós olhais para nós com cuidado e misericórdia, e

66- Extraída de: www.lanello.hpg.ig.com.br

nós consagramos nossos corações, nossas vidas, nossa família à Vós. Nós conhecemos o belo exemplo do Vosso lar em Nazaré, que é um padrão-modelo para cada família.

Nós esperamos ter com Vossa ajuda a unidade, força e amor constante para dar uns aos outros, como nos deste.

Que o nosso lar possa encher-se de alegria.

Que o sincero afeto, paciência, tolerância e mútuo respeito, seja dado à todos livremente.

Que as nossas orações sejam cheias das necessidades dos outros, não somente as nossas, e que possamos estar sempre próximos dos Vossos Sacramentos.

Abençoa aqueles que estão presentes assim como aqueles que estão ausentes, ambos, os vivos e os mortos.

Que a Paz possa estar conosco e quando formos testados, garante-nos a aceitação cristã da Vontade Divina.

Mantém nossa família próxima aos Vossos Corações.

Possa a Vossa especial proteção estar conosco sempre.

Ó Santíssimos Corações de Jesus e Maria, ouçam a nossa oração!

ORAÇÕES DO ROSÁRIO DA VIRGEM MARIA[67]

O rosário da Virgem Maria é, extraordinariamente, poderoso. Tão poderoso que protegeu pessoas até contra uma bomba nuclear. Falam-se que sete padres que viviam em Hiroshima, durante a Segunda Guerra Mundial, foram salvos pelo fato de rezarem o rosário, três vezes, por dia.

A igreja em que eles estavam, ficava aproximadamente oito quadras do ponto da explosão da bomba atômica. Tudo foi destruído num raio de um quilômetro e meio, salvo a igreja. Que segundo eles, a imensa proteção que tiveram se justificava pelo fato de rezarem o rosário, diariamente.

Em nome do Pai (✝), do Filho (✝), e do Espírito Santo (✝). Amém.

O CREDO DOS APÓSTOLOS

Creio em Deus Pai, Todo-Poderoso, Criador do Céu e da Terra. E em Jesus Cristo, Seu Único Filho, Nosso Senhor, o qual foi concebido pelo poder do Espírito Santo; nasceu da Virgem Maria; padeceu sob Pôncio Pilatos; foi crucificado, morto e sepultado; desceu à mansão dos mortos, ressuscitou ao terceiro dia; subiu aos céus, está sentado à direita de Deus Pai, de onde há de vir julgar os vivos e os mortos. Creio no Espírito Santo, na Santa Igreja Católica, na comunhão dos santos, na remissão dos pecados, na ressurreição da carne e na vida eterna. Amém.

67- Extraído de **Manual Completo de Ascensão – A realização da ascensão nesta existência**, Joshua David Stone, Editora Pensamento, 1998.

Pai Nosso

Pai Nosso, que estais no céu, santificado seja o Vosso nome, venha a nós o Vosso reino, seja feita a Vossa vontade, assim na Terra como no Céu. O pão nosso de cada dia nos dai hoje, perdoai as nossas ofensas, assim como nós perdoamos a quem nos tem ofendido, e não nos deixeis cair em tentação, mas livrai-nos do mal. Amém.

Ave Maria

Ave Maria, cheia de graça, o Senhor é convosco, bendita sois Vós entre as mulheres, e bendito é o fruto do Vosso ventre, Jesus. Santa Maria, Mãe de Jesus, rogai por nós, filhos e filhas de Deus, agora e na hora da nossa vitória sobre o pecado, a doença e a morte. Amém

Glória ao Pai

Glória ao Pai, ao Filho e ao Espírito Santo. Assim como era no princípio, agora e sempre, e por todos os séculos dos séculos. Amém.

Salve Rainha

Salve, Rainha, Mãe de misericórdia, vida, doçura, esperança nossa, salve! A Vós bradamos, os degradados filhos de Eva; a Vós suspiramos, gemendo e chorando neste vale de lágrimas. Eia, pois, advogada nossa, esses Vossos olhos misericordiosos a nós volvei; e depois deste desterro mostrai-nos Jesus, bendito fruto de Vosso ventre, ó clemente, ó piedosa, ó doce Virgem Maria!

Rogai por nós, santa Mãe de Deus, para que sejamos dignos da promessa de Cristo. Amém.

Oremos

Ó Deus, cujo Filho Unigênito, por sua vida, morte e ressurreição, nos alcançou os prêmios da vida eterna, concedei, nós Vos imploramos, que honrando estes mistérios pelo Sacratíssimo Rosário da Bem-aventurada Virgem Maria, imitemos o que contém e obtenhamos o que prometem. Pelo mesmo Jesus Cristo, nosso Senhor. Amém.

ROSÁRIO PARA A PAZ MUNDIAL[68]

Este rosário é divinamente maravilhoso! O ideal é fazê-lo, constantemente. Caso não seja possível, deve-se pelo menos fazê-lo, uma vez, por semana. Além da paz que nos é proporcionada, nosso coração vive em constante alegria e, milagres, coisas que julgamos impossíveis começam a ocorrer, em nossas vidas. Aproveito para dizer que a *Summit Ligthhouse*, possui o *Rosário do Arcanjo Miguel*, que também é divino, vale a pena obtê-lo.

Em nome do Pai e do Filho e do Espírito Santo, em nome da Virgem Cósmica, Amém.

ORAÇÃO DIÁRIA DO GUARDIÃO[69]

Uma chama é ativa
Uma chama é vital
Uma chama é eterna

Eu Sou uma chama divina de amor radiante
que emana do coração de Deus
no Grande Sol Central
e desce do Mestre da Vida!

68- Extraído do livro **As Profecias de Saint Germain para o Novo Milênio**, Elizabeth Clare Prophet, Patricia R. Spadoro e Murray L. Steinman, Nova Era/ Record, 1999.

69- Esta oração é feita todos os dias pelos Guardiões da Chama, que fazem parte da Summit Ligthouse.

Eu transbordo agora
com a suma consciência divina
e a percepção solar
dos bem-amados Hélios e Vesta.

Peregrino na Terra,
eu avanço cada dia pelo caminho
da vitória dos Mestres Ascensos
que me conduz à liberdade eterna
pelo poder do Fogo Sagrado
hoje e sempre,
manifestando-se continuamente
nos meus pensamentos, sentimentos e percepções,
transcendendo e transmutando
todos os elementos terrenos
nos meus quatro corpos inferiores
e libertando-me, pelo poder do Fogo Sagrado,
desses focos de energia corrompida
presentes no meu ser.

Eu Sou libertado neste instante de tudo o que escraviza
pelas correntes da Chama Divina
do próprio Fogo Sagrado,
cujo efeito ascendente faz de mim
Deus em manifestação,
Deus em ação,
por Ele guiado
e um só com a Sua consciência!

Eu Sou uma chama ativa!
Eu Sou uma chama vital!
Eu Sou uma chama eterna!
Eu Sou uma centelha de fogo em expansão
originada no Grande Sol Central
atraindo a mim agora todos os raios
de divina energia de que necessito

e que nunca pode ser qualificada pela criação humana
e que me inunda de Luz
e da divina iluminação de mil sóis
para que exerça o domínio
e seja eternamente a suprema autoridade
onde quer que eu esteja!

Onde eu estou, está Deus também.
Para sempre Eu Sou um só com Ele,
intensificando a minha Luz
com o sorriso do Seu esplendor,
a plenitude de Seu amor,
a onisciência da Sua sabedoria,
e o poder da Sua vida eterna,
que automaticamente me eleva
nas asas vitoriosas da ascensão,
que me farão regressar ao coração de Deus
do qual eu desci, na verdade,
para eu cumprir a Sua vontade
e a todos manifestar a vida abundante!

Chamado ao Sopro de Fogo

Eu Sou, Eu Sou, Eu Sou o sopro do fogo de Deus
que vem do coração dos bem-amados Alfa e Ômega.
Neste dia Eu Sou o conceito imaculado
expressando-se aonde quer que eu vá.
Eu estou cheio de alegria,
pois agora Eu Sou a plena expressão
do amor divino.

Minha amada Presença do Eu Sou,
sela-me agora no âmago
do expansivo sopro do fogo de Deus.
Que a sua pureza, integridade e amor
sejam manifestados onde quer que eu esteja

hoje e sempre!
Aceito que isto se manifeste agora com pleno poder!
Eu Sou esta manifestação imediata com pleno poder!
Eu Sou, Eu Sou, Eu Sou
a vida de Deus expressando perfeição
de todas as maneiras e a cada instante.
Isto que invoco para mim mesmo,
invoco-o também para todo homem, mulher e criança
neste planeta.

O Pai-Nosso do Eu Sou
(Por Jesus, o Cristo).

Pai Nosso que estais no Céu,
Santificado seja o Vosso nome Eu Sou.
Eu Sou o Vosso reino manifestado
Eu Sou a Vossa vontade que está sendo cumprida
Eu Sou na Terra assim como Eu Sou no Céu.
A todos eu dou hoje o pão de cada dia
eu perdôo neste dia a toda a vida
e Eu Sou também o perdão que ela me estende.
Eu afasto todo o homem das tentações,
eu liberto todo o homem de qualquer situação nefasta.
Eu Sou o Reino
Eu Sou o Poder e
Eu Sou a Glória de Deus em manifestação eterna
e imortal - tudo isto Eu Sou.

Ainda que eu falasse as línguas dos homens e dos anjos, e não tivesse amor, seria como o metal que soa, ou como o sino que tine.

Ave-Maria

Ave-Maria, cheia de graça,
o Senhor é convosco.

Bendita sois Vós entre as mulheres
e bendito é o fruto do Vosso ventre, Jesus.
Santa Maria, Mãe de Jesus,
rogai por nós, filhos e filhas de Deus,
agora e na hora da nossa vitória
sobre o pecado, a doença e a morte.

Ainda que eu tivesse o Dom da profecia, e conhecesse todos os mistérios e toda a ciência, e ainda que eu tivesse toda a fé, de maneira tal que transportasse os montes, e não tivesse amor, nada seria.

Reze 1 Ave-Maria

E ainda que distribuísse toda a minha fortuna para o sustento dos pobres, e ainda que entregasse o meu corpo para ser queimado e não tivesse amor, nada disso me aproveitaria.

Reze 1 Ave-Maria

O amor é paciente, é benigno. O amor não inveja, não se vangloria, não se ensoberbece.

Reze 1 Ave-Maria

Não se porta inconvenientemente, não busca os seus próprios interesses, não se irrita, não suspeita mal.

Reze 1 Ave-Maria

O amor não se alegra com a injustiça, mas se regozija com a verdade.

Reze 1 Ave-Maria

Tudo sofre, tudo crê, tudo espera, tudo suporta.

Reze 1 Ave-Maria e 1 Pai-Nosso

O amor nunca falha. Mas havendo profecias, cessarão; havendo línguas, desaparecerão; havendo ciência, passará.

Reze 1 Ave-Maria

Pois em parte conhecemos, e em parte profetizamos, mas quando vier o que é perfeito, então o que é em parte será aniquilado.

Reze 1 Ave-Maria

Quando eu era criança, falava como criança, pensava como criança, raciocinava como criança. Mas logo que cheguei a ser adulto, acabei com as coisas de criança.

Reze 1 Ave-Maria

Agora vemos em espelho, de maneira obscura; então veremos face a face. Agora conheço em parte; então conhecerei como também sou conhecido.

Reze 1 Ave-Maria

Agora permanecem estes três: a fé, a esperança e o amor, mas o maior destes é o amor.

Reze 1 Ave-Maria

Segui o amor, e procurai com zelo os dons espirituais, mas principalmente o de profetizar.

Reze 1 Ave-Maria

Pois o que fala em língua não fala aos homens, senão a

Deus. Com efeito, ninguém o entende, e em espírito fala mistérios.

Reze 1 Ave-Maria e 1 Pai-Nosso

Mas o que profetiza fala aos homens para edificação, exortação e consolação.

Reze 1 Ave-Maria

O que fala em língua edifica-se a si mesmo, mas o que profetiza edifica a igreja.

Reze 1 Ave-Maria

Eu gostaria que todos vós falásseis em línguas, mas muito mais que profetizásseis. O que profetiza é maior do que o que fala em línguas, a não ser que também interprete para que a igreja receba edificação.

Reze 1 Ave-Maria

Agora, irmãos, se eu for ter convosco falando em línguas, que vos aproveitaria, se não vos falasse ou por meio da revelação, ou da ciência, ou da profecia, ou da doutrina?

Reze 1 Ave-Maria

Da mesma sorte, se as coisas inanimadas, que fazem som, seja flauta, seja cítara, não formarem sons distintos, como se conhecerá o que se toca na flauta ou na cítara?

Reze 1 Ave-Maria

Se a trombeta der sonido incerto, quem se preparará para a batalha?

Reze 1 Ave-Maria

Assim também vós. Se com a língua não pronunciardes palavras bem inteligíveis, como se entenderá o que se diz? Estareis como que falando ao ar.

Reze 1 Ave-Maria

Afirmações Transfiguradas[70]

(De Jesus, o Cristo).

Eu Sou o que Eu Sou
Eu Sou a porta aberta que nenhum homem pode fechar
Eu Sou a Luz que ilumina todo homem que vem ao mundo
Eu Sou o caminho
Eu Sou a verdade
Eu Sou a vida
Eu Sou a ressurreição
Eu Sou a ascensão na Luz
Eu Sou a satisfação de todas as minhas necessidades e carências
Eu Sou a abundância derramada sobre toda a vida
Eu Sou a visão e audição perfeitas
Eu Sou a manifesta perfeição do ser
Eu Sou a ilimitável Luz de Deus manifestada por toda a parte
Eu Sou a Luz do santo dos santos
Eu Sou um filho de Deus
Eu Sou a Luz na sagrada montanha de Deus.

Glória ao Pai

Glória ao Pai
e ao Filho
e ao Espírito Santo!

70- Extraído do livro **As Profecias de Saint Germain para o Novo Milênio**, Elizabeth Clare Prophet, Nova Era/Record.

Tal como era hoje, ontem e será sempre
Vida sem fim
Eu Sou, Eu Sou, Eu Sou!
Em nome do Pai e do Filho e do Espírito Santo, em nome da Virgem Cósmica, Amém.

No Coração Imaculado de Maria eu confio.
No Coração Imaculado de Maria eu confio.
No Coração Imaculado de Maria eu confio.

Exorcismos

Exorcismo Para a Casa

Em nome de minha Divina Presença Eu Sou apelo aos Bem-Amados Arcanjo Miguel e Astrea: encerrai esta casa dentro de Vosso Cinturão de Chama Azul e defendei-nos do assédio de entidades do astral.

Afastai-as de nós, e pelo Fogo Sagrado dissolvei suas vibrações e influências perniciosas, bem como toda causa e gérmen de nossos sofrimentos e limitações.

Pela Divina Misericórdia ordenai aos Anjos da Libertação conduzi-las aos Templos da Misericórdia e Perdão, a fim de serem envolvidas no Fogo Purificador da Chama Violeta de Saint Germain. Eu Vos agradeço.

Exorcismo do Arcanjo Miguel

Em nome e pelo Poder da Amada Presença de Deus "Eu Sou" em nossos corações, e em nome do Arcanjo Miguel, com Sua Autoridade de Príncipe dos Arcanjos, Eu Sou Comandando que a Chama Azul Desça, Desça, Desça sobre... (nome da pessoa), *e Carbonize completamente toda energia negativa e destrutiva que o(a) assedia.*

Eu Sou o Poder do Príncipe dos Arcanjos, o Arcanjo Miguel, Dissolvendo, Dissolvendo, Dissolvendo pela força do Fogo Azul do Pai Todo-Poderoso, toda energia destrutiva, linhas de forças negativas, toda obsessão, tudo que é menor que a Perfeição que tenta impedir... (nome da pessoa) *de seguir seu rumo, livre do assédio de vibrações e seres que não são da Luz, pelo Poder Solar da Fusão das Chamas do Arcanjo Miguel e Elohim Astrea, Eu Sou*

Comandando:

Oh! seres que não servem a Luz,
Afastai-vos do Cristo em... (nome da pessoa).
Afastai-vos do Cristo em... (nome da pessoa).
Afastai-vos do Cristo em... (nome da pessoa).
Para que ele(a) possa viver dentro da Lei do seu Verdadeiro Ser.

Em nome do Arcanjo Miguel, Eu Sou Cravando no peito de... (nome da pessoa), *a Cruz Azul de Infinito Amor e Proteção do Arcanjo Miguel, e aonde quer que...* (nome da pessoa) *esteja, essa Cruz estará brilhando como um Sol, afastando dele(a) qualquer ser, vibração, condição ou coisa, que deseje se apoderar de seus corpos, ou de suas energias e consciência.*

A partir de agora... (nome da pessoa) *é um(a) portador(a) da Cruz de Chama Azul do Arcanjo Miguel, e essa Cruz será vista por qualquer ser.*

Quanto aqueles que assediavam... (nome da pessoa), *pelo Poder do Arcanjo Miguel e Elohim Astrea, Eu Sou Comandando que os Anjos da Chama Azul os Leve, Leve, Leve agora de volta ao plano astral, para que finalmente sejam encaminhados aos Templos de Compaixão da Amada Kwan Yin, e que através do Amor Libertador e da Misericórdia do 7º Raio, sejam dissolvidas as energias cristalizadoras que os impediam de enxergar a Verdade, e isso os faça entender que também são uma parte de Deus, e Deus é Amor.*

Está feito, como Deus "Eu Sou"
O mais Poderoso e Sagrado Nome.

Conclusão

Que este seja o início de uma nova fase na sua vida, possa todo o conteúdo deste livro preencher as páginas do livro da sua vida com inúmeras alegrias, adquiridas, através das suas esperanças, da sua constância e da sua fé fortalecida.

Que chuvas de bênçãos, inundam a sua vida e de todas as pessoas que estão de alguma forma, próximas à você, ligadas pelo coração ou em suas orações, pois a sua vitória é também de todos nós.

A sua vida é a sua realidade e a realidade é que a vida é bela, é continuidade, é feita de fé, é uma belíssima oportunidade, para aprender a amar e a perdoar, e neste aprendizado, aprender a orar, pois a vida antes de tudo é Luz!

É uma grande vitória!

É uma grande felicidade!

Que sua vida seja preenchida, principalmente, com a Luz que habita no seu coração.

Lembrando-se de que um bom coração juntamente com boas e constantes orações só pode resultar numa vida mais próspera; mais saudável, mais feliz. Farta e abundante de saúde e bons relacionamentos... Conquistas terrenas e um grande avanço espiritual.

Que possam nossas orações beneficiar um enorme número de pessoas.

Que Deus abençoe a cada instante, as nossas escolhas, e que estas, sejam sempre, para o bem maior de todos os envolvidos.

Nos primeiros versículos do Gênese lemos: *"E Deus disse: Faça-se a luz e a luz foi feita"*.

Que faça-se a Luz!
Luz! Luz! Luz!
Você é Luz!
É a Luz que iluminará os olhos, a mente, o coração e a vida de todas pessoas que encontrar.

Um abraço carinhoso

Anngela Marcondes Jabor

Obras Consultadas

A Alquimia da Oração – Desperte a Sua Vida Interior, Terry Lynn Taylor, Editora Pensamento, 1998.

A Busca da Unidade com a Chama Gêmea, Elizabeth Clare Prophet, Século XXI Editora, 1994.

A Ciência da Palavra Falada – O Poder do Som para a cura, transformação e prosperidade, Mark L. Prophet e Elizabeth Clare Prophet, Summit Ligthouse do Brasil, 2001.

A Hierarquia dos Iluminados – Os Portadores da Luz Azul, Narcy C. Fontes, Editora Madras, 1995.

A Magia das Energias, no dia-a-dia - Um guia angelical para uma vida melhor, Anngela Marcondes Jabor, Editora Mystic , 2001.

A Oração Viva – orações para todas as ocasiões, Celina Fioravanti, Editora Pensamento, 1996.

Além da Ascensão – Como concluir os sete níveis de iniciação, Joshua David Stone, Editora Pensamento, 1998.

Anjos Guardiães e Cabalísticos, Anngela Marcondes Jabor, Editora Mystic , 1995.

As Mais Belas Orações de Todos os Tempos, Seleção e Tradução de Rose Marie Muraro e Frei Raimundo Cintra, Editora Rosa dos Tempos, 1993.

As Profecias de Saint Germain para o Novo Milênio, Elizabeth Clare Prophet com Patricia R. Spadaro e Murray L. Steinman, Nova Era/Record,1999.

Cura Energética com o Reiki Plus, David G. Jarrell, Editora Pensamento, 2000.

Discurso da Amorável e Ascensionada Mestra Nada, Ponte Para a Liberdade, 2000.

É Tempo para Você Ser Financeiramente Livre!, Patrícia Diane Cota-Robes, J. Milton's Editora Ltda.

Guia Prático Para a Ascensão, material canalizado de Serapis por Toni Stubbs, Pensamento, 1999.

Invocação à Luz, Ponte Para A Liberdade/ Hércules Editora e Distribuidora, 1995.

Livro de Decretos – Grupo Avatar, Milton's Editora e Distribuidora Ltda.

Mantras - A verdadeira Arte da Alquimia, Sandra Meirelles, Editora Mystic, 2004.

Manual Completo de Ascensão – A realização da ascensão nesta existência, Joshua David Stone, Editora Pensamento, 1998.

Maria Quem é Essa Mulher Vestida de Sol?, Biba Arruda, Editora Gente, 1998.

Meditação e Apelos – Para cada dia da semana, Ponte Para a Liberdade, 1992.

Meditações para Contemplar a Deus – Shinsokan e outras Orações, Masaharu Taniguchi, Sheicho-No-Ie do Brasil, 2001.

Meditando e Orando com a Hieraquia da Grande Fraternidade Branca Universal e Orientações de Carmen Balhestero, Pax Universal, 2002

Minhas Preces e Orações Prediletas, Anngela Marcondes Jabor, Editora Mystic , 1999.

Miragem: Um Problema Mundial, Alice A. Bailey, Fundação Cultural Avatar, 1993.

O Livro das Orações Mágicas, Abade Julio Houssay, Outras Palavras.

O Livro dos Santos – casos reais que tocam a nossa alma, Anne Gordon, Editora Pensamento, 1995.

O Poder Infinito da Oração – A descoberta da força capaz de produzir o milagre, Lauro Trevisan, Editora da Mente, 1988.

O Que é Corpo de Luz? - Mensagem do Arcanjo Ariel, canalizada por Tashira Tachi-ren, Editora Pensamento, 1999.

Onde Existe Luz - Discernimento e Inspiração para Enfrentar os Desafios da Vida, Paramahansa Yogananda, Self-Realization Fellowship, 1997.

Orações aos Anjos e Arcanjos – Bênçãos dos céus para as nossas vidas, Anngela Marcondez Jabor, Editora Mystic, 2000.

Orações, Meditações, Decretos Dinâmicos – Para a Revolução Vindoura na Consciência mais Elevada, Summit Ligthouse do Brasil.

O Servidor Divino - A urgente necessidade de servir, I.M.M. Marinho, All Tasks, 2000.

Os Sete Raios da Grande Fraternidade Branca, R.M. Schepis, Editora Madras, 1997.

Palavras que Curam - Afirmações e Meditações para a Vida Diária, Douglas Bloch, Editora Cultix, 1997.

Ritual de Magia Divina – Os Salmos de Davi e Suas Virtudes, Editora Pensamento, 1992.

Salmos Angelicais, Anngela Marcondes Jabor, Editora Mystic, 1996.

Sites

www.grandefraternidadebranca.com.br
www.segredodosdeuses.hpg.ig.com.br
www.espiritismogi.com.br
www.gce.org.br
www.oracoes.com.br
www.chamavioleta.com.br
www.lanello.hpg.ig.com.br
www.yoga.pro.br
www.fogosagrado.com
www.linhotepkwanyin.no.sapo.pt

Nota da Editora

Veja trechos de algumas, das inúmeras cartas que Anngela vem recebendo de seus fiéis leitores, desde o seu primeiro livro, em 1994.

Isto é uma retribuição, o retorno do carinho que ela tem por todos os seus leitores.

Como ela mesma diz: *"A parte mais gratificante de meu trabalho é o carinho dos meus queridos e adoráveis amigos leitores. Eles são a causa da minha missão nesta minha trajetória terrena".*

Ela que sempre se preocupa e se empenha em dar o melhor a todos, e acredita que seus livros não precisam de propaganda, pois cada um vai chegar na hora certa, nas mãos da pessoa certa.

Confira!

Parabenizo a Anngela, esta estrela que está com a linda missão de iluminar as nossas vidas. Obrigada por escrever estes livros fantásticos que faz abrir a mente para novos horizontes.

I. S. S. – Bayeux – PB

Trabalho maravilhoso. Grande contribuição espiritual para a humanidade.

M. M. E. V – Vitória – ES

Anngela: seu livro é um hino de amor e de beleza, um luminar aceso em Oitava de Luz, na profundeza de todas as profundezas, em unidade com o Eterno.

V. R. S. S. – Poá - RS

Depois deste livro é que eu descobri a força da oração e comecei a me espiritualizar mais. Agora eu o levo sempre comigo. Para onde eu for ele está sempre comigo, para me ajudar a superar todo tipo de dificuldade.

S. F. – Ribeirão Pires – SP

Este livro é maravilhoso, nele encontrei as palavras de conforto nos momentos difíceis.

M. M. A. B. – Sumaré – SP

É incrível como Anngela consegue ser tão simples e direta.

O amor que dedica aos seus livros é visto em cada linha de seus textos.

A.P. M. – Campinas – SP

Lindo o livro, ao ler sinto o amor e carinho que ele emana!!!

Adorei!

Parabéns à querida autora Anngela.

J. L. – Rio de Janeiro – RJ

Achei um trabalho maravilhoso, se tornou meu livro de cabeceira, me inspira, me dá conforto espiritual. Parabéns à autora.

M. G. C. S. – Salvador – BA

Este livro é simplesmente maravilhoso, foi com a ajuda dele que consegui superar muitos acontecimentos de minha vida. Quero agradecer a escritora que proporcionou esta lição a todos. Continue assim fazendo o bem.

M. C. F. – Entre Ijuis – RS

Agradeço imensamente a Deus, por ter me ajudado a encontrar seus livros, com eles descobri a alegria. Minha vida tem agora um sentido mais profundo. Suas palavras ajudaram a me levantar depois de um profundo sofrimento. Agradeço a Deus por você, Anngela, existir e passar seus conhecimentos para nós.

A.M. L. V. – Limeira – SP

Anngela, tudo o que escreves é "Divino".

R. S. L. – Harmonia – RS

Os livros da Anngela são uma bênção de Deus, trás um grande alívio para quem os lê, os Salmos então, um bálsamo para a alma. Agradeço de coração por ela ter nos dado esse presente divino.

T. N. D. F. D. – Nova Xavantina – MT

Querida Anngela, gostaria imensamente de lhe agradecer por tantos ensinamentos adquiridos através de seus livros. Obrigada por ser instrumento dos anjos. Que os mestres te abençoe e te guarde. Que a Luz te cubra dos pés a cabeça e que tua energia seja ímpar neste planeta.

M. D. C. S. S. – Rio de Janeiro – RJ

Este livro entrou em minha vida numa hora perfeita, foi um presente para mim.

J. M. – Curvelo – MG

Querida Anngela! Você é linda e maravilhosa! Você coloca em cada obra toda a sua alma e energia abençoando assim a cada leitor. Parabéns! Você é um anjo na Terra que vem nos maravilhando com sua escrita. Você nos abriu uma porta para uma nova vida. Tenho conseguido resolver problemas que há anos me perturbavam, graças a você, instrumento de Deus. Que Jesus a abençoe e nunca deixe de escrever e nos ajudar.

R. M. G. K. – Capela do Alto – SP

Querida Anngela, que seu anjo continue iluminando o seu caminho e lhe fazendo continuar sendo este ser maravilhoso que me ajudou a dar uma razão para minha vida.

T. V. M. – São José dos campos – SP

Querida amiga Anngela, mesmo sem conhecê-la pessoalmente, eu lhe considero como minha amiga, sinto em você uma paz infinita. Você parece um anjo.

Obrigada por você existir e nos dar o prazer de ler o que você escreve.

D. S. – São Bernardo do Campo – SP

Amiga Anngela, você deve ser uma pessoa iluminada, por escrever tantas coisas que para nós seria impossível imaginar.

Quero te dar os parabéns por tudo que faz pela humanidade!!!

Pena não tê-la ao lado 24hs!!!

L. P. C. B. – Goiânia – GO

Minha querida amiga Anngela, você foi o que de mais bonito aconteceu em minha vida, você com toda a luz e com suas palavras fez com que eu voltasse a ter fé.

O anjo ilustrado na capa de seu livro "A Senda dos Anjos" é sua imagem perfeita. É como eu a vejo, um anjo. Um anjo que surgiu na minha existência, quando eu mais me sentia fragilizada.

Eu agradeço por você existir.

S. C. – São Paulo - SP

Obras da Autora

Anjos Guardiães e Cabalísticos
(12ª edição)

O 1° em mostrar e esclarecer a diferença entre Anjos da Guarda e Anjos Cabalísticos. Uma obra que tem o firme propósito de fazer com que o leitor se volta mais para o seu Anjo da Guarda e, receba, com gratidão, o reforço e o auxílio dos Anjos Cabalísticos, em seus pedidos mais específicos. Considerado por muitos como o livro que promove milagres . Neste você conhece um pouco mais as pessoas de acordo com o dia em que elas nasceram e pelo anjo que as protege. Aprenderá a fazer o Círculo Mágico dos Arcanjos, um ritual que se faz durante uma semana, de preferência no início de cada mês, para que ocorra beneficamente em sua vida. E muito mais que lhe promoverá uma vida mais satisfatória e feliz.

Sos dos Anjos Guardiães e Cabalísticos
(7ª edição)

Atualmente, um livro muito procurado pelos leitores,pois em seu conteúdo há rituais com os 72 anjos cabalísticos e outros mais, de acordo com a sua necessidade momentânea. Alguns dos temas abordados no livro:

- Usando melhor o poder das palavras
- A presença da magia no seu dia-a-dia
- A importância de sua ação
- Transformações necessárias
- As flores e plantas dos arcanjos e anjos cabalísticos
- Os incensos dos arcanjos e anjos cabalísticos
- Os salmos dos arcanjos e anjos cabalísticos
- Pedras e cristais
- Tudo sobre velas
- Pantáculos
- Banhos

Invocações aos Anjos Cabalísticos

Este livro ensina o leitor a invocar os anjos, sendo que com a invocação correta é muito mais fácil obter auxílio dos anjos na transformação e melhoria da própria vida. Seu conteúdo contém dicas valiosas como :

- Como saber quando se está sob a influência de um gênio contrário e como fazer para afastá-lo.
- Meditação para você fazer sua ligação direta com o anjo.
- Rituais diversos com os 72 anjos cabalísticos.

E muito mais que vale a pena conferir.

Mensagens, Conselhos e Rituais Angelicais

Neste livro de linguagem clara e objetiva, de fácil manuseio, o leitor encontrará a resposta que tanto busca como também a solução que há tempos vem procurando. Em seu contéudo existe sugestões e conselhos, mensagens diversas e inúmeros rituais como:

- Para eliminar a depressão
- Encontrar objetos perdidos
- Aumentar as vendas
- Eliminar vícios
- Conseguir emprego e muito mais.

Viva feliz! A chave está em suas mãos!

A Senda dos Anjos
(4ª edição)

O caminho que o levará aos seres iluminados! Ao mais alto vôo ao encontro da sua busca, seja esta qual for. Um livro que fala dos Anjos Guardiães, dos Anjos Cabalísticos, dos Anjos Pessoais, dos Arcanjos e dos Mestres Ascensos. Do Planeta Terra e da Nova Era. Mostra as características de uma pessoa de acordo com o Raio que ela pertence. Ensina rituais com todos os seres aqui mencionados, dentro de toda hierarquia celestial. Além de inúmeras orações e preces, apelos diversos.

Energias e Magias
(9ª edição)

Desde que o mundo é mundo, somos envoltos por energias e magias. Dois temas extremamente importantes que se englobam num único tema - "A magia da energia do ser". Positivas ou negativas, as energias estão aí, em nós, em tudo e, em todos os lugares. Se somos envolvidos, diariamente, por elas, precisamos aprender a transformá-las e mantê-las sempre positivas, em prol de todos, inclusive de nós mesmos. Com este livro, através dos mantras, afirmações, orações, salmos, harmonização dos chackras, o uso dos florais, conhecimento dos sonhos, interpretações e mensagens, banhos, purificação externa, rituais, invocações e magias com os anjos e os elementais, sua energia será intensificada, proporcionando-lhe um bem-estar maior, o que resultará numa vida melhor. Acredite: *"A maior energia que existe, é impulsionada pela energia do ser"*.

A Magia das Energias - no dia a dia
(4ª edição)

A magia está presente em todos os momentos do nosso dia-a-dia. Admitindo ou não, somos magos em potencial. Magia é o poder que temos em transformar realidades. Magia é energia e tudo em nossa vida é gerado por energias. Nada existe isoladamente, tudo está interligado. Tudo que existe ou venha a existir está em nós. O Universo é a nossa extensão. Somos manifestações de pura energia, infinita e eterna. *A Magia das Energias, no dia-a-dia*, é um livro que você deve ter sempre em suas mãos, pois ele traz em seu conteúdo, tudo o que você precisa para ter uma vida melhor.

Magias para Encantar
no mundo mágico em que vivemos

Um livro que traz rituais fáceis e práticos que promoverão benefícios a você e a tantas outras pessoas que necessitam do seu auxílio. Funciona como um manual, que traz soluções imediatas para a sua vida vida nas mais diversas situações. Basta apenas seguir as dicas que nele se encontram e acreditar na sua capacidade de realização. Viver é magia e aqui existe magias para o bem viver. Com certeza ele se tornará o seu companheiro diário e promoverá as mais belas magias no seu dia-a-dia, em todos os aspectos da sua vida.

Caminho em Busca da Luz
(2ª edição)

Todas as pessoas têm períodos em suas vidas que são marcados por adversidades. E, nestas, muitos se perdem no desespero, rodam em busca de algo que, de imediato, solucione os problemas que tanto as afligem. Procuram por um milagre instântaneo, mas não percebem que apenas uma palavra ou uma pequena frase possa vir a ser a chave, que tanto necessitam para solucionar todos os seus problemas e abrir os seus caminhos. Por esta razão, *Caminho em busca da Luz*, traz este propósito, não o de somente ser a chave que tanto procura, mas antes de tudo, ser o seu guia - o companheiro de todas as horas. Veja algumas das frases extraídas do livro:

"Os dias prósperos não vêm por acaso, nascem demuita fadiga e persistência".

Henry Ford

"Um dia sem sorriso é um dia perdido".

Carles Chaplin

"Nada existe de bom ou de mau, senão os pensamentos que fazem as coisas assim parecerem".

Shakespeare

Basta abrir uma página deste livro e você terá a frase que vai lhe trazer a mensagem que tanto aguarda.

Na Luz dos Anjos

Neste mundo tão escuro, não há nada mais gratificanteque poder caminhar Na Luz dos Anjos. O propósito deste livro é iluminar os corações que se escureceram com tantas tristezas já vividas e presenciadas. De fácil manuseio, ele o fará refletir, em muitos momentos da sua vida. Com uma única frase ou mensagem lhe apontará uma luz. A luz que tanto deseja encontrar no seu caminho. Embarque nesta viagem e encontre a sua estrada Na Luz dos Anjos. *"Porque aos Seus anjos dará ordem a teu respeito, para te guardarem em todos os teus caminhos".* - Salmo 91;11

Tarô Instrumento de Auto Ajuda
(4ª edição)

Este livro tem como objetivo maior, facilitar o acesso do leitor ao Tarô. De linguagem clara, simples e objetiva, dedicada a leigos e pessoas com dificuldades de entender a sua linguagem. Uma obra fácil de ser estudada e consultada a qualquer momento. Considerada pelos leitores como a melhor no Brasil. Muitos tarólogos se iniciaram através desta e muitos autores da área a citam em seus livros, em obras consultadas. Um livro importantíssimo para quem deseja se aprofundar no mundo encantado do tarô.

Tarô A Solução Atual - com 22 arcanos maiores
(2ª edição)

Numa época onde as pessoas buscam a cada dia, inúmeras alternativas para encontrar as respostas para os seus problemas e aliviar os seus tormentos, não tenha dúvidas que este lhe trará a solução. De linguagem clara e simples, fácil de ser entendida por todos a qualquer momento, o leitor aqui encontrará esclarecimentos, conselhos e afirmações que facilitarão o seu dia-a-dia, ajudando-o a solucionar a maioria dos seus problemas sem ter que depender de outros meios. Lembre-se: *"Quando você estiver em harmonia com seu EU, você estará em harmonia com o todo que lhe cerca"*.

Minhas Preces e Orações Prediletas
(3ª edição)

Um trabalho dirigido a todas as pessoas, independente de seus credos. Baseado no propósito maior de união, este livro reúne várias preces, orações, apelos, invocações de várias religiões, crenças, doutrinas e filosofias que divergem em muitos aspectos, mas que seguem o mesmo objetivo - a união com Deus. Uma belíssima obra que traz alívio, conforto e grande auxílio nos momentos difíceis da sua vida.

Salmos Angelicais
(8ª edição)

Este livro sem sombra de dúvida é um belíssimo trabalho. De linguagem clara e objetiva, acessível ao coração e de fácil compreensão. São 150 salmos transformados em ricas orações para cada momento ou situação. Reconfortante! Um maravilhoso auxílio!

Basta obtê-lo e crer para ver!

Orações aos Anjos e Arcanjos
Bênçãos dos Ceús para as nossas vidas
(3ª edição)

Um livro repleto de orações específicas para anjos e arcanjos, úteis e benéficas para todos os momentos. Com este sua vida não será a mesma, surpresas agradáveis irão surgir a cada instante, suas esperanças serão aumentadas e sua fé fortalecida. Os anjos e arcanjos vão vir e preencher sua vida de boas novas, alegrias infinitas. Adquira-o e verá maravilhas acontecer no seu dia-a-dia.

Companheiros de Jornada
Nas emoções e razões dos relacionamentos
Lançamento

Livros editados pela Mystic

Magia do Eu Posso

Élcio Souto / Sandra Meirelles

Acorde! É tempo de despertar!

Ainda há tempo para você despertar da letargia, do sono, da indolência, do fracasso, da tristeza, da amargura. Levante-se já! O dia está amanhecendo e o sol surge por detrás da grande montanha, trazendo seus raios de luz, vida, força, beleza e amor. Não espere nem mais um minuto, porque a partir de hoje você poderá mudar a sua vida através da Presença Divina do EU POSSO, que fala com você lá das profundezas de sua mente, oferecendo uma nova chance para recuperar o tempo perdido e mostrar um novo caminho. Este livro ensina o leitor a meditar e traz inúmeras meditações como para:

- Acabar com a solidão
- Dominar o medo
- Afastar a tristeza
- Desenvolver a intuição
- Superar a falta de vontade
- Ouvir a voz do Mestre

Meditações para Despertar o Deus Interior

Sandra Meirelles

Um livro repleto de exercícios, mantras, visualizações e meditações diversas com os arcanos maires do tarô que ajudarão o leitor refletir no seu dia-a-dia, a resolver seus problemas de relacionamentos pessoais, familiares, afetivo, profissionais e financeiros. Também o auxiliará nas curas: física, mental, emocional, psíquica, espiritual e financeira. Uma verdadeira viagem para despertar o seu Deus Interior.

Vozes no Jardim da Alma
Élcio Souto

O mundo em que vivemos não passa de uma grande ilusão criada por nossos próprios pensamentos, e, portanto, muda a cada santo dia. O que foi ontem, hoje não vale mais; o presente é hoje a semente que germinará amanhã. É bonito, é estimulante, mas também é trágico quando visto apenas sob os olhos da mente finita. Muitos portões que delimitam as fronteiras da nossa existência não passam de prisões criadas e impostas por nossa própria mente. Na verdade, nunca foram portões de acesso a nada, exceto em nossas imaginações. Palavras podem ser significativas, mas jamais expressam tudo aquilo que o coração sente. Neste livro, o autor retrata a magia do amor eterno, fala da união de almas gêmeas, ensinando cada um a respeitar o caminho do amor quando o encontrar.

MysticNews

Informativo sobre os produtos da Editora Mystic

Receba gratuitamente o Informativo Mystic News com todos lançamentos e novidades da Editora Mystic, basta preencher o cadastro abaixo e enviar para: Caixa Postal 157 - CEP 13012-970 - Campinas -SP ou faça seu cadastro pelo e-mail: mystic@mysticeditora.com.br

nome: ....

endereço: ....

apto/casa: .... bairro: ....

cep: .... cidade: ....estado: ....

ddd/fone: (   )...................................... ddd/fax: (   )..

e-mail: ....

você compra livros: (   ) livrarias (   ) feiras (   ) internet (   ) telefone

(   ) reembolso postal (   ) outros ....

quais os tipos de livros que você lê: (   ) pedagogia (   ) romances (   ) saúde

(   ) espíritas (   ) esotéricos (   ) religiosos (   ) outros ....

se desejar faça seu comentário sobre este trabalho

....

....

....

....

....

....

....

....

....

....

....

Para que se preocupar, se você pode orar? - 1º edição - Fev/2004

Para saber mais sobre nossos títulos e autores, ou para enviar seus comentários sobre este livro, visite nosso site

www.mysticeditora.com.br